Im Namen Gottes

GOL-O-BOLBOL

(Rosen und die Nachtigall)

Ausgewählte Gedichte aus zwölf Jahrhunderten
Übertragen aus dem Persischen

von

Purandocht Pirayech

YASSAVOLI
PUBLICATIONS

Gol-o-Bolbol (Rosen und die Nachtigall)

Ausgewählte Gedichte aus zwölf Jahrhunderten

Übertragen aus dem Persischen von: Purandocht Pirayech

Einleitung von: Prof. Dr. A. H. Zarrinkoob

Grafische Gestaltung: Elham Esmaeli

Bazaarcheh ketab, Enqelab Ave.,1314663641,Tehran,Iran

Tel: (98-21) 66461003

Fax:(98-21) 66411913

www.yassavoli.com / www.yassavolishop.com

info@yassavoli.com

ISBN : 978-964-306-081-7

Dem Andenken meines Vaters
Hassan Pirayech
gewidmet

Inhaltsverzeichnis

Im Namen Gottes

Vorwort

Mit den Worten Saadi's, des grossen iranischen Dichters des dreizehnten Jahrhunderts.

Die Menschen sind Glieder miteinander verwoben,
Von gleichem Stoff aus der Schöpfung gehoben

möchte ich, so wie jedes Mitglied einer Familie zum Wohl und Bestand dieser beitragen muss, unseren, der Iraner Beitrag, an die grosse Familie der menschlichen Gesellschaft leisten.

Das Wertvollste, was wir zu bieten haben, sind wohl die Gedanken unserer Dichter, die sie in der Musik ihrer Worte zum Ausdruck brachten. Obwohl diese Arbeit nur ein sehr kleiner Auszug aus dieser Gedankenwelt ist, hoffe ich, dass sie das Herz jener Menschen anspricht, die sich danach sehnen, wie der Paradiesvogel, ihren Käfig zu zersprengen, um beim Anblick des Lichts in Jubel auszubrechen.

In diesem Zusammenhang möchte ich Herrn Prof. Dr. A. H. Zarrinkoob, dem bedeutenden iranischen Historiker und Literaten, meinen herzlichen Dank für die Unterstützung, die er mir bei der Entstehung dieses Gedichtbandes gab, aussprechen.

Purandocht Pirayech
Teheran, Februar 1995

Blumen aus dem persischen Garten

Die persische Literatur hatte, lange bevor Goethes Genie diese mit seinem 1819 erschienenen Westöstlichen Diwan zur Quelle der Inspiration für die europäische Romantik machte, durch die Übersetzung vom "Golestan" beim deutschsprachigen Leser Anklang gefunden. Die freie Übersetzung von Saadis Golestan, einer Sammlung erquickender Geschichten in Prosa und Poesie aus dem 13. Jhrh. in Iran durch den bekannten deutschen Forschungsreisenden und Irankenner Adam Olearius (1599-1671), die 1654 in Hamburg erschien und allgemeinen Beifall fand, wurde zu Lebzeiten des Übersetzers etliche Male, 1660, 1663 und 1671 erneut aufgelegt. Die Tatsache, dass weitere Übersetzungen von diesem Werk Saadis in deutscher Sprache in den Jahren 1775, 1827, 1848 und 1850 veröffentlicht wurden, zeugt vom Interesse deutschsprachiger Leser an persischer Literatur.

Im Jahrhundert der Aufklärung und der Zeit vor der Romantik hat nicht nur Goethe, der mittels der Übersetzungen von Hammer-Purgstall mit der persischen Dichtung bekannt wurde, sein diesbezügliches Interesse bekundet, sondern auch Schiller, sein Freund und Zeitgenosse. Schillers Schauspiel “Turandot” wurde wohl vom gleichnamigen Werk des Italieners Carlo Gozzi inspiriert, jedoch ist die ursprüngliche Quelle beider Werke eine Geschichte aus der lyrisch - epischen Gedichtsammlung “Haft – Peykar” von Nezami Gandjawi, dem persischen Dichter des 12. Jhrh.

Nach Goethe wurde die persische Literatur für die europäischen Dichter der Romantik zu einer bedeutenden Quelle der Inspiration. Dichter wie A. v. Chamisso, A. v. Platen, Heinrich Heine und Friedrich Rückert wurden insbesondere vom “Westöstlichen

Diwan" beeinflusst. Das wunderbare epische Gedicht Heines "Der Dichter Ferdowsi" in seinem Gedichtband "Romancero", das Heine in der traurigen Zeit seines Lebensendes verfasste, beweist, dass seine Umgebung und die Epoche in der er lebte, mit der persischen Literatur bekannt war.

Friedrich Rückert, der bekannte deutsche Dichter und Orientalist, hat ausser der Übersetzung von Saadis "Bustan" und Hafiz' Vierzeiler (Robayat), Geschichten voller Schönheit und Weisheit aus der persischen Literatur als Nachdichtung unter dem Titel "Weisheit des Brahman" in sechs Heften herausgegeben. Die Tatsache, dass dieses Werk grossen Anklang fand, zeigt, dass persische Dichtung und Poesie in der Vergangenheit meist mit dem literarischen Zeitgeschmack des deutschsprachigen Publikums in Einklang stand. Wie auch die Tatsache, dass Friedrich v. Bodenstedt, deutscher Dichter der Romantik, eine Sammlung seiner östlichen Gedichte nicht unter seinem eigenen Namen, sondern unter dem Pseudonym "Mirza Schaffy" veröffentlichte, und dieses Werk so grossen Beifall fand, dass es etliche Male unter dem Titel "Lieder des Mirza Schaffy" aufgelegt wurde, wobei der Name des eigentlichen Dichters unbeachtet blieb, ein weiteres Beispiel vom Interesse der deutschsprachigen Leser für persische Dichtung ist. Allen den genannten Namen können weitere brillanter deutschsprachiger Dichter hinzugefügt werden, die die Gedanken und Dichtung von Ferdowsi, Hafez, Nezami, Saadi und Attar der deutschsprachigen Welt und darüberhinaus ganz Europa nahebrachten oder von den Werken dieser Dichter inspiriert wurden. Dieser Prozess setzt sich fort und zeugt von der Verbundenheit beider Völker in ihrem genialen Denken und Dichten.

Die vorliegende Sammlung, die eine sorgfältig erwogene Auswahl von zwölf Jahrhunderten persischer Dichtung beinhaltet, wird hoffentlich zur Festigung dieser Verbundenheit beitragen und gebührenden Erfolg und Anklang finden. Jedes dieser Gedichte vertritt einen besonderen Stil und zeigt gleichzeitig die Besonderheiten von Gedanken und Ausdrucksweise der bedeutenden Dichter persischer Literatur der Vergangenheit.

Purandocht Pirayech, Dichterin und Übersetzerin dieser Sammlung, die aus löblicher Bescheidenheit diese Benennung scheut, verfügt "in der Tat" über eine sehr zarte, empfindsame und beachtliche dichterische Gabe, die ihrer Ausdrucksweise eignet. Ihre unerschöpfliche Geduld in der Suche nach geeigneten Worten, die dem deutschsprachigen Leser den genauen Gedanken und das richtige Empfinden vermitteln, kann nur von denjenigen nachempfunden und richtig eingeschätzt werden, die den Originaltext kennen. Der Titel **Gol-o-Bolbol** oder **Rosen und die Nachtigall** für diese Gedichtsammlung ist eine sinnvolle Bezeichnung und gleichzeitig Einführung in die Besonderheiten des Inhalts. Liebe zur Natur, nach Sinn suchendes Denken, die Suche nach Freude, Gedanken, die um Pantheismus und Mystik kreisen, durchweben die gesamte persische Dichtung und sind diesem Topos der persischen Literatur auf geheimnisvolle Weise eingewoben.

Abdol-Hossein Zarrinkoob
Februar 1995

قاب کاشی با لعاب چینی؛ قرن هشتم هجری، احتمالاً کاشان

Fliesenplatte; Kaschan; Anfang des 14. Jahrhunderts

بشقاب سفالی کوباچی، دوره ی صفویه، قرن یازدهم هجری

Eine Kubatschi Töpferei; Safawidenzeit; Anfang des 17. Jahrhunderts

کاسه سفالی، قرن چهارم-پنجم هجری، ساری

Eine Tonwarenschüssel; Sari; 10. -11. Jahrhundert

شادزی

شادزی با سیاه چشمان شاد   که جهان نیست جز فسانه و باد

ز آمده تنگ دل نباید بود   وز گذشته نکرد باید یاد

نیک بخت آن کسی که داد و بخورد   شوربخت آنکه او نخورد و نداد

باد و ابر است این جهان فسوس   باده پیش آر هر چه بادا باد

رودکی، قرن ۴ هجری

Sei fröhlich

Sei fröhlich mit den schwarzäugigen Mädchen, die lachen,
Denn die Welt ist nichts als Wind und eine Mär.

Um das, was kommt, sollst du dir keine Sorgen machen,
An das, was war, daran denke nicht mehr.

Wohl dem, der zu leben und geben versteht,
Jammer dem, der vor Geiz vergeht.

Die Welt, ein Scherz, besteht aus Wolken und Wind,
Lass die Welt und bring den Wein geschwind.

Rudaki, 9./ 10. Jhrh.

پند زمانه

زمانه پندی آزادوار داد مرا　　زمانه را چو نکو بنگری همه پند است
به روز نیک کسان گفت غم مخور زنهار　　بسا کسا که به روز تو آرزومند است

رودکی، قرن ۴ هجری

Die Lehre des Lebens

Das Leben gab mir freimütig einen Rat,
Das ganze Leben besteht ja aus Lehren.

Beneide den nicht, der es besser als du hat,
Es gibt viele, die sich nach dem, was du hast, sehnen.

Rudaki, 9./ 10. Jhrh.

به نام خدا

به نام خداوند جان و خرد — کزین برتر اندیشه برنگذرد

خداوند نام و خداوند جای — خداوند روزی ده رهنمای

خداوند کیهان و گردان سپهر — فروزنده ماه و ناهید و مهر

ز نام و نشان و گمان برترست — نگارنده بر شده گوهرست

ابوالقاسم فردوسی، قرن ٤ و ٥ هجری

Im Namen Gottes

Im Namen Gottes, der das Denken gibt und das Leben,
Keinen Gedanken kann es höher als diesen geben.

Gott, dem Herrschaft und Ehre gebührt,
Gott, der uns Brot gibt, und der uns führt.

Gott des Himmels und der Welt,
ER, der Sonne, Mond und Sterne erhellt.

ER, der über allen Namen, Zeichen und Gedanken steht,
ER, der Schöpfer des Juwels, das sich über alles erhebt.

Ferdowsi, 10./ 11. Jhrh.

پند

یاد داری که وقت آمدنت   همه خندان بُدند و تو گریان
آنچنان کن که وقت رفتن تو   همه گریان شوند و تو خندان

ابوالقاسم فردوسی، قرن ٤ و ٥ هجری

Der gute Rat

Weißt du noch als du kamst,
Wie du weintest und alle lachten.

Leb so, daß wenn einst du gehst,
Du lachst und alle weinen.

Ferdowsi, 10./ 11. Jhrh.

Die Geburt von Rostam[1]

Sal[2] trat an das Lager von Rudabeh[3],
Sein Antlitz voller Tränen, sein Herz voller Weh.

Da denkt er plötzlich an des Phönix' Feder und heiter
Lächelnd gibt er die Botschaft an Sindocht[4] weiter.

Das Kohlenbecken bringt er, zündet ein Feuer an,
Nimmt die Feder vom Phönix, hält sie kurz daran.

Plötzlich kommt eine dunkle Wolke vom Himmel nieder,
Hervor tritt der Phönix, der stolze Gebieter.

Willkommen heißt ihn Sal, als er ihn sieht,
Vor Freude und Ehrfurcht er vor ihm niederkniet.

Der Phönix sagt: "Warum diese Tränen"?
Warum muß mein Held sich so grämen?

Von diesem weißen Leib wird geboren
Ein junger Löwe, zum Held auserkoren.

Vor seinem Namen werden mutige Herzen erbeben,
Kämpfende Männer werden sich ihm ergeben.

Bring einen Dolch, mach ihn durch Feuer sauber,
Gib ihn einem Weisen, dessen Herz ist voll Zauber.

Erst mach die Schöne trunken mit Wein,
Dein Herz aber von Furcht und Angst mach rein.

In die Seite ihres Leibes soll er schneiden,
Sie wird dabei keine Schmerzen leiden.

Heraus nehme er den kleinen Löwen,
Blut wird aus der Seite der Schönen strömen.

1. Rostam: Eine Heldengestalt aus der iranischen Mythologie. / 2. Sal: Vater von Rostam.
3. Rudabeh: Mutter von Rostam. / 4. Sindocht: Mutter von Rudabeh.

تولّد رستم

ببالین رودابه شد زال زر — پر از آب رُخسار و خسته جگر

همان پرّ سیمرغش آمد به یاد — بخندید و سیندخت را مژده داد

یکی مجمر آورد و آتش فروخت — وز آن پرّ سیمرغ لختی بسوخت

هم اندر زمان تیره گون شد هوا — بزیر آمد آن مرغ فرمانروا

برو کرد زال آفرین دراز — ستودش فراوان و بردش نماز

چنین گفت سیمرغ کین غم چراست — به چشم هژبر اندرون نم چراست

کزین سرو سیمین بر ماه روی — یکی شیر باشد ترا نامجوی

از آواز او اندر آید ز جای — دل مرد جنگی پولاد خای

بیاور یکی خنجر آبگون — یکی مرد بینا دل پرفسون

نخستین بمی ماه را مست کن — ز دل بیم و اندیشه را پست کن

بکافد تهیگاه سَرو سهی — نباشد مر او را ز درد آگهی

وزو بچّه شیر بیرون کشد — همه پهلوی ماه در خون کشد

Zunähen soll er die Wunde und danach
Dein Herz frei von Furcht und Sorge mach.

Das Kraut, das ich dir nenne, mit Milch und Moschus zerstampf,
Lege es in den Schatten, damit es trocknen kann.

Mit der Salbe bestreich die Wunde, und in kurzer Zeit
Wirst du sehen, wie sie sich schließt und heilt.

Dann streich leicht mit meiner Feder über die Wund,
Unter meinem hohen Schutz wird sie gesund."

So sprach er, zog aus seinem Flügel eine Feder hervor,
Warf sie ihm zu und flog hoch empor.

Nachdem Sal vom Boden die Feder aufgehoben,
Ging er und tat - o Wunder! - was der Phönix ihm geboten.

Ein Parsenpriester mit geschickten Händen kam
Und bot der Schönen Wein zu trinken an.

Ohne Schmerz machte er einen Schnitt in ihre Lende,
Achtete darauf, daß das Kind sich wende.

So ohne Schmerz zog er es heraus danach,
Daß alle Welt in Staunen ausbrach.

Zugenäht wurde die Wunde, und sodann
Die Salbe ihr alle Schmerzen nahm.

Tag und Nacht schlief die Mutter und wachte nicht auf,
Denn der Wein hatte ihr vollkommen die Sinne geraubt.

Als sie endlich aus tiefem Schlaf erwachte,
Grüßte sie Sindocht, die an ihrem Lager wachte.

Gold und Juwelen legten sie vor ihrem Lager nieder,
Dann priesen sie den Schöpfer wieder und wieder.

Ferdowsi, 10./ 11. Jhrh.

وزآن پس بدوز آنکجا کرد چاک | ز دل دور کن ترس و اندوه و باک
گیاهی که گویم تو با شیر و مشک | بکوب و بکن هر سه در سایه خشک
بسای و بیالای بر آن خستگیش | ببینی هم اندر زمان رستگیش
بر آن مال از آن پس یکی پر من | خجسته بود سایهٔ فر من
بگفت و یکی پر ز بازو بکند | فکند و به پرواز بر شد بلند
بشد آن و زال پر او برگرفت | برفت و بکرد آنچه گفت ای شگفت
بیامد یکی موبدی چرب دست | مر آن ماه رخ را به می کرد مست
بکافید بی رنج پهلوی ماه | بتابید مر بچه را سر ز راه
چنان بی گزندش برون آورید | که کس در جهان این شگفتی ندید
همان زخمگاهش فرو دوختند | به دارو همه درد بسپوختند
شبانروز مادر ز می خفته بود | ز می خفته و دل ز هش رفته بود
چو از خواب بیدار شد سرو بن | به سیندخت بگشاد لب بر سخن
بر او زر و گوهر برافشاندند | ابر کردگار آفرین خواندند

ابوالقاسم فردوسی، قرن ٤ و ٥ هجری

بازی فلک

فلک را ندانم چه دارد گمان — که ندهد کسی را به جان خود امان
کسی را اگر سالها پرورد — در او جز بخوبی همی ننگرد
چو ایمن کند مرد را یک زمان — از آن پس بتازد بر او بی گمان
به مهرش مدارای برادر امید — اگر چه دهد بی کرانت نوید

ابوالقاسم فردوسی، قرن ٤ و ٥ هجری

Des Schicksals Spiel

Ich weiß nicht, was das Schicksal sich denkt,
Daß es keinem Geborgenheit im Leben schenkt.

Jahrelang hat es einen gehegt und gepflegt,
Gab nichts als Gutes ihm auf den Weg.

Nachdem es ihn eine Weile in Sicherheit gewiegt,
Nun plötzlich die Mächte gegen ihn ausspielt.

Auf seine Güte, o Bruder, verlaß dich nicht,
Obwohl es dir immerfort Gutes verspricht.

Ferdowsi, 10./ 11. Jhrh.

صبر

گویند صبر کن که ترا صبر بر دهد آری دهد ولیک به عمر دگر دهد
من عمر خویشتن به صبوری گذاشتم عمر دگر بباید تا صبر بر دهد

دقیقی، قرن ۴ هجری

Die Geduld

Man sagt: “Warte, denn Warten wird dir Früchte geben.”
So ist’s, jedoch erst im nächsten Leben.

Geduldig wartend verbrachte ich mein ganzes Leben;
Für die Früchte jedoch bräuchte ich noch ein Leben.

Daghighi, 10. Jhrh.

Frage und Antwort

Auf alle Fragen, die ich gestern gestellt hab,
Ihr frischer Mund mir eine Antwort gab.

Ich sagte: "Nur des Nachts bist du zu sehn",
"Des Nachts", sagte sie, "tut der Mond[1] aufgehn."

Ich sagte: "Wessen Feuer hat dein Gesicht entflammt?"
"Dessen", sagte sie, "der dein Herz hat verbrannt."

Ich sagte: "Von deinem Hadjeb[2] wende ich mich ab",
"Hat je einer", sagte sie, "sich abgewendet vom Mehrab." [3]

Ich sagte: "Qualen der Liebe muß ich um dich leiden",
"Der Liebende", sagte sie, "kann diese Qualen nicht meiden."

Onsori, 10./11. Jhrh.

1. der Mond ist das Symbol der Schönheit. / 2. Hadjeb ist die Augenbraue, die das Auge schützt und behütet, so wie der Wächter das Tor. Den Bogen vom Mehrab vergleicht der Dichter mit der Augenbraue. / 3. Mehrab ist die Nische in der Moschee, in ihr wird das Gebet verrichtet.

سؤال و جواب

هر سوالی کز آن لب سیراب
دوش کردم همه بداد جواب

گفتمش جز شبت نشاید دید
گفت پیدا به شب بود مهتاب

گفتم آتش به چهره‌ات که فروخت
گفت آن کو دل تو کرد کباب

گفتم از حاجب تو تابم روی
گفت کس روی تابد از محراب

گفتم اندر عذاب عشق توام
گفت عاشق نکو بود به عذاب

عنصری، قرن ۵ هجری

Der Adler

Einst flog ein Adler von einem Felsen hoch empor,
Auf die Jagd nach Beute bereitete er sich vor.

Indem er seine Flügel in die rechte Lage brachte,
“Die ganze Welt liegt unter mir”, er bei sich dachte .

“In dieser Höhe kann mit scharfen Augen ich sehen
Sogar das Kleinste, das im Meer sich mag ergehen.

Wenn im Gestrüpp die Mücken sich bewegen,
Kann ich jede ihrer Bewegungen mit den Blicken sehen.”
So gab er an, ohne an die Vorsehung zu denken,
Nun sieh, wie die Mächte sein Schicksal lenken.

Plötzlich, auf der Lauer sitzend, ein Jäger mit seinem Bogen
Zielt auf ihn, und schon kommt der Pfeil geflogen.

Die Spitze des Pfeiles sich in seinen Flügel bohrt,
Vom Himmel auf den Boden stürzt er sofort.

Auf der Erde lag er, zappelte wie ein Fisch,
Hin und her schlug er mit seinen Flügeln um sich.

Er sagt: “Wie kann ein Stück Eisen und Holz allein
Mit dieser Schärfe und Schnelle durch die Lüfte eil’n.”

An dem Pfeil sieht er eine Feder aus seinem Flügel,
“Wen soll ich anklagen”, sagt er, “nur durch uns kommt über uns
all unser Übel.”

Nasser Khosrow, 11. Jhrh.

عقاب

روزی ز سر سنگ عقابی به هوا خاست — و اندر طلب طعمه پر و بال بیاراست

بر راستی بال نظر کرد و چنین گفت — امروز همه روی جهان زیر پر ماست

بر اوج چو پرواز کنم از نظر تیز — می بینم اگر ذره‌ای اندر تک دریاست

گر بر سر خاشاک یکی پشّه بجنبد — جنبیدن آن پشّه عیان در نظر ماست

بسیار منی کرد و ز تقدیر نترسید — بنگر که ازین چرخ جفاپیشه چه برخاست

ناگه ز کمینگاه یکی سخت کمانی — تیری ز قضای بد بگشاد بر او راست

بر بال عقاب آمد آن تیر جگردوز — و از ابر مر او را بسوی خاک فرو کاست

بر خاک بیفتاد و بغلتید چو ماهی — وآنگاه پر خویش گشاد از چپ و از راست

گفتا عجب است این که ز چوبی و ز آهن — این تیزی و تندی و پریدن ز کجا خاست

زی تیر نگه کرد و پر خویش بر او دید — گفتا ز که نالیم که از ماست که بر ماست!

ناصرخسرو، قرن ۵ هجری

Das Herz des Dichters

Mein Herz liess ich an so manchen Orten als Liebespfand,
Ein Herz so merkwürdig, wie der Herrgott kein anderes erfand.

Mein Herz, obwohl voller Lieben, ist nur eins,
Zeig mir ein Herz in der Welt, bevölkert wie meins.

Verwirrt bin ich und voller Erstaun',
Dass im Herzen, o Gott, so viele Lieben haben Raum.

Müde der Liebe wird sogar ein Herz mit noch mehr Gier,
Nicht so mein Herz, drum wehe mir, weh mir!

Dass Liebe ein Ereignis ist, weiss nicht das achtlose Herz,
Dessen Leid sogar nicht standhält ein Berg aus Erz.

Farrokhi Sistani, 11. Jhrh.

نقاشی پشت شیشه؛ اواسط دوره‌ی قاجار
Hinterglasmalerei; Mittel-Kadscharenzeit

قاب کاشی هفت رنگ، سفال با لعاب چینی؛ قرن یازدهم هجری، اصفهان
Haft Rang Fliesenplatte; Esfahan; 17. Jahrhundert

دل شاعر

مرا دلیست گروگان عشق چندین جای
عجب تر از دل من دل نیافریده خدای

دلم یکی و در و عاشقی گروه گروه
تو در جهان چو دل من دلی دگر بنمای

شگفت و خیره فرو مانده‌ام که چندین عشق
به یک دل اندر یارب چگونه یابد جای

حریص تر دلی از عاشقی ملول شود
دلم همی نشود وای ازاین دل من وای

نداند این دل غافل که عشق حادثه ایست
که کوه آهن با رنج او ندارد پای

فرخی سیستانی، قرن ۵ هجری

Die Alte und ihre Tochter

Es hatte eine Alte auf dem Land
Drei Kühe und eine Tochter, Mehsati genannt.

Die junge Braut, so schön und schlank,
Wurde durch böse Blicke eines Tages krank.

Ihre runden Züge wurden wie der Neumond schmal,
Die Welt wurde der Alten dunkel ob dieser Qual.

Ihr Herz brannte wie Feuer und schmerzte sehr,
Ausser ihrer Tochter Heilung wünschte sie nichts mehr.

Die Alte sagte ständig zu ihr:
"Ach stürbe ich, deine Mutter, doch vor dir."

Da begab sich eines Tages, dass die Kuh ihren Kopf
Auf Suche nach Futter steckte in einen Topf.

Wie ein Dämon aus der Hölle lief die Kuh
Von der Küche direkt auf die Alte zu.

Die Alte dachte, es sei Esrail, der Tod
Und schrie ihm zu in ihrer Not:

"O Todesengel, Mehsati bin nicht ich,
Nichts als eine alte elende Frau bin ich.

Wenn du von Mehsati nicht kannst lassen,
So nimm sie, es soll mir schon passen."

Wisse also, dass in den Wirrnissen im Leben
Du für keinen wirst einen Deut hergeben.

Sanai, 11./ 12. Jhrh.

زال و دختر

داشت زالی به روستای تکاو — مهستی نام دختری و سه گاو
نوعروسی چو سرو نوبالان — گشت روزی ز چشم بد نالان
گشت بدرش چو ماه نو باریک — شد جهان پیش پیرزن تاریک
دلش آتش گرفت و سوخت جگر — که نیازی جز او نداشت دگر
زال گفتی همیشه با دختر — پیش تو باد مُردن مادر
از قضا گاو زالک از پی خورد — پوز روزی به دیگی اندر کرد
گاو مانند دیوی از دوزخ — سوی آن زال تاخت از مطبخ
زال پنداشت هست عزرائیل — بانگ برداشت پیش گاو نبیل
کای مَق الموت من نه مهستیم — من یکی پیر زال محنتیم
گر تو را مهستی همی باید — آنک او را ببر مرا شاید
تا بدانی که وقت پیچاپیچ — هیچ کس مر تو را نباشد هیچ

حکیم سنایی، قرن ۵ و ۶ هجری

رباعی

با بط می‌گفت ماهی در تب و تاب — باشد که ز جوی رفته باز آید آب

بط گفت چو ما شدیم از این دیر خراب — دنیا پس مرگ ما چه دریا چه سراب

عمر خیّام، قرن ۶ هجری

Robaï

Auf dem Trockenen zappelnd, der Fisch zur Ente sprach:
“Vielleicht fließt das Wasser wieder zurück in den Bach.”

“Wenn ich”, sagt die Ente,“von dieser wüsten Welt geh,
So ich tot bin, mag sie ein Sarab[1] sein oder ein See.”

Omar Khayyam, 11./ 12. Jhrh.

1. Fata Morgana, Luftspiegelung.

رباعی

یک قطرهٔ آب بود و با دریا شد　　یک ذرّهٔ خاک با زمین یکتا شد

آمد شدن تو اندرین عالم چیست　　آمد مگسی پدید و ناپیدا شد

عمر خیّام، قرن ۶ هجری

Robaï

Ein Tropfen fiel, im Meer er schwamm,
Ein Stäubchen auf der Erde zu liegen kam.

Welchen Sinn hat dein Kommen und Gehn in der Welt?
Eine Fliege kam und wieder Abschied nahm.

Omar Khayyam, 11./ 12. Jhrh.

رباعی

در کارگه کوزه‌گری رفتم دوش   دیدم دو هزار کوزه گویا و خموش
ناگاه یکی کوزه برآورد خروش   کو کوزه‌گر و کوزه‌خر و کوزه‌فروش

عمر خیام، قرن ۶ هجری

Robaï

Bei einem Töpfer trat ich gestern ein,
Sah zweitausend Krüge stumm, beredt in Reih'n.

"Wo ist der Töpfer, Händler, Käufer vom Krug?"
Hörte ich plötzlich einen Krug aufschrein.

Omar Khayyam , 11./ 12. Jhrh.

رباعی

برخیز بتا بیار بهر دل ما   حل کن بجمال خویشتن مشکل ما
یک کوزه شراب تا بهم نوش کنیم   زان پیش که کوزه‌ها کنند از گل ما

عمر خیّام، قرن ۶ هجری

Robaï

Erheb dich, du Holde, mir zur Freud bring Wein,
Lös durch deine Schönheit alle Leiden mein.

Lass uns einen Krug Wein gemeinsam trinken,
Solang aus uns nicht wurde ein Krug für Wein.

Omar Khayyam, 11./ 12. Jhrh.

رباعی

زآوردن من نبود گردون را سود   وز بردن من جاه و جلالش نفزود
وز هیچ کسی نیز دو گوشم نشنود   کآوردن و بردن من از بهر چه بود

عمر خیّام، قرن ۶ هجری

Robaï

Mein Kommen dem All keinen Vorteil brachte,
Mein Gehen seine Würde nicht grösser machte.

Von keinem hörten meine zwei Ohren je,
Welchen Sinn mein Kommen und Gehen machte.

Omar Khayyam, 11./ 12. Jhrh.

رباعی

این بحر وجود آمده بیرون ز نهفت　　کس نیست که این گوهر تحقیق بسفت

هر کس سخنی از سر سودا گفته است　　زان روی که هست کس نمیداند گفت

عمر خیّام، قرن ٦ هجری

Robaï

Aus verborgenen Tiefen stieg das Meer vom Sein,
Keiner durchbohrte dieser Forschung Edelstein.

Jeder äusserte sich ganz nach Belieben,
Aber das was ist, fïel keinem ein.

Omar Khayyam, 11./ 12. Jhrh.

Der Hof zu Mada-en

Hör o Herz, eine Lehre sei dir, was du dort siehst,
Der Hof zu Madaen der Spiegel dieser Lehre ist.

Nimm den Weg vom Tigris nach Madaen und verweile dort,
Einen zweiten Tigris lass fliessen aus den Augen an jenem Ort.

Sieh wie des Trigris Schaum seine Ufer umspült,
Als ob sein heisser Atem die Lippen mit Blasen ziert.

An die Ruinen richte die Sprache deiner Tränen,
Mit des Herzens Ohr höre, was sie dir erzählen.

Sie sagen, du seiest aus Staub, denn aus Menschenstaub sind wir nun,
Ein paar Tränen sollst du weinen, ein paar Schritte auf uns tun.

Das Geschrei der Eulen verursacht uns viel Pein,
Das Rosenwasser deiner Tränen wird heilend für uns sein.

Wir, der Hof der Gerechten, mussten solche Unbill erleiden,
Der Palast der Bösen, welches Schicksal mag ihn ereilen.

An diesem Hof beugten sich Menschen ehrfurchtsvoll tief zur Erde,
Ihre Gesichter zeichneten sich auf ihr ab, als ob sie Gemälde von ihnen wäre.

Dies ist der Hof der Könige und unter ihnen
Der Malek[1] von Babol als Hüter, der von Turkestan als Sklave dienen.

Diese Erde ist nicht vom Wein so trunken,
Nuschirawans Herzensblut ist's, dass sie aus Hormoz' Schädel getrunken.

O Khaghani, nimm mit von diesem Hof die mahnende Lehre,
So dass wegen dieser der Khaghan[2] bittend bei dir einkehre.

Khaghani, 12. Jhrh.

1. der König. / 2 . der König

ایوان مداین

هان ای دل عبرت بین از دیده نظر کن هان ایوان مداین را آیینهٔ عبرت دان
یک ره ز ره دجله منزل به مداین کن وز دیدهٔ دوم دجله بر خاک مداین ران
بینی که لب دجله چون کف به دهان آرد گویی ز تف آهش لب آبله زد چندان
گه گه به زبان اشک آواز ده ایوان را تا بو که به گوش دل پاسخ شنوی ز ایوان
گوید که تو از خاکی ما خاک توییم اکنون گامی دو سه بر ما نه اشکی دو سه هم بفشان
از نوحهٔ جغد الحق ماییم به درد سر از دیده گلابی کن درد سر ما بنشان
ما بارگه دادیم این رفت ستم بر ما بر قصر ستمکاران تا خود چه رسد خذلان
اینست همان ایوان کز نقش رخ مردم خاک در او بودی دیوار نگارستان
اینست همان درگه کو را ز شهان بودی دیلم ملک بابل هندو شه ترکستان
مستست زمین زیرا خوردست به جای می در کاس سر هرمز خون دل نوشروان
خاقانی ازین درگه دریوزهٔ عبرت کن تا از در تو زین پس دریوزه کند خاقان

خاقانی، قرن ۶ هجری

Die uralte Welt

Wer weiß, seit wann diese alte Welt
Besteht und wie es um sie ist bestellt.

Eine Runde alle hundert Jahre beginnt,
So die beendet ist, sie eine neue aufnimmt.

Keiner blieb, um das Ende einer Runde zu sehn,
Und um den Grund von dieser zu verstehn.

So man einige Tage mit dieser Runde ist gerannt,
Was konnte man da hören und was hat man erkannt?

Recht und Unrecht gibt es in jeder Runde,
Darin sieht der Wissende eine verborgene Kunde.

So du nicht willst, daß das Unrecht weiter besteht,
Achte, daß die Kunde davon nicht von Runde zu Runde geht.

Rasch wurde Nacht zu Tag, schwarz zu weiß, alsodann
Vertraue diesem Schwarz-Weiß dein Schicksal nicht an.

(Aus Khosrow und Schirin) Nezami, 12./ 13. Jhrh.

دیر کهن سال

که می داند که این دیر کهن سال
چه مدّت دارد و چون بودش احوال

به هر صد سال دوری گیرد از سر
چون آن دوران شد آرد دور دیگر

نماند کس که بیند دور او را
بدان تا در نیابد غور او را

به روزی چند با دوران دویدن
چه شاید دیدن و چتوان شنیدن

ز جور و عدل در هر دور سازیست
درو داننده را پوشیده رازیست

نمی خواهی که بینی جور بر جور
نباید گفت راز دور با دور

شب و روز ابلقی شد تند زنهار
بدین ابلق عنان خویش مسپار

نظامی، قرن ٦ و ٧ هجری

Gottes Hof

Eines Abends wollte Bayasid[1] sich vor der Stadt ergehn
Und sah, daß von Menschen nichts war zu sehn.

Der Mondschein ließ leuchten die ganze Welt,
Durch ihn wurde die Nacht wie Tag erhellt.

Der Himmel war geschmückt und voller Sterne,
Die ihre Pfl icht gemeinsam erfüllten gerne.

Als der Sheikh in der Wüste verbrachte seine Zeit,
Bewegte sich dort nichts weit und breit.

Starke Unruhe befiel ihn mit einem Mal,
Er sprach: "O Gott, mein Herz leidet Qual.

Obwohl dein Hof voller Erhabenheit ist,
Er doch leer von allen Dich - Liebenden ist."

Ein Hatef[2] antwortete: "O du verirrter Mann,
Ein Padeschah[3] nicht jeden empfangen kann.

Erforderlich für das Ansehen dieser Tür
Ist, daß jeder Bettler bleibe fern von ihr.

Weil unseres Hofes Glanz bestrahlt diesen Ort,
Treibt er die unbedacht Schlafenden fort.

Die Menschen warteten jahrelang,
bis von Tausenden einer Zugang fand.[4] "

Attar, 12./ 13. Jhrh.

1. iranischer Mystiker aus dem 9. Jhrh. / 2. der Verkünder von Gottes Wort. / 3. König
4. siehe: Ev. Matthäi 22. Kapitel 14. Denn viele sind berufen, aber wenige sind auserwählet

درگاه حق

بایزید آمد شبی بیرون ز شهر — از خروش خلق خالی دید دهر
ماهتابی بود بس عالم فروز — شب شده از پرتو آن، همچو روز
آسمان پر انجم و آراسته — هر یکی کار دگر را خاسته
شیخ چندانی که در صحرا گذشت — کس نمی‌جنبید در صحرا و دشت
شورشی در وی پدید آمد به زور — گفت: یا رب در دلم افتاد شور!
با چنین رفعت که درگه تو راست — همچنان خالی ز مشتاقان چراست؟
هاتفی گفتش که ای حیران راه — هر کسی را راه ندهد پادشاه!
عزت این در چنین کرد اقتضا — کز در ما دور باشد هر گدا
چون حریم عز ما نور افکند — غافلان خفته را دور افکند
سال‌ها بردند مردم انتظار — تا یکی را یار باشد از هزار

عطار، قرن ۶ و ۷ هجری

همدردی

بنی آدم اعضای یکدیگرند   که در آفرینش ز یک گوهرند

چو عضوی به درد آورد روزگار   دگر عضوها را نماند قرار

تو کز محنت دیگران بی غمی   نشاید که نامت نهند آدمی

سعدی، قرن ۷ هجری

Verbundenheit

Die Menschen sind Glieder miteinander verwoben,
Von gleichem Stoff aus der Schöpfung gehoben.

Hat das Leben ein Glied mit Schmerz versehen,
Die anderen Glieder vor Leid vergehen.

Du, der kein Mitleid mit anderen kennt,
Bist unwürdig, daß man dich einen Menschen nennt.

Saadi, 13. Jhrh.

زال و رودابه از داستان‌های شاهنامه‌ی فردوسی

Die Geschichte von Sal und Rudabeh aus Schahnameh von Ferdowsi

برگی از خسرو و شیرین نظامی؛ مکتب صفوی

Aus dem Khosrow und Schirin von Nezami; safawidische Schule

از گلستان

ای مرغ سحر عشق ز پروانه بیاموز　　کان سوخته را جان شد و آواز نیامد

این مدّعیان در طلبش بی خبرانند　　کان را که خبر شد خبری باز نیامد

سعدی، قرن ۷ هجری

Aus dem Golestan

O du Morgenvogel, vom Falter die Liebe erlern,
Verbrennend ließ er sein Leben, kein Laut kam von ihm.

Die IHN zu lieben behaupten, wissen nichts von IHM,
Denn wem Kunde ward, keine Kunde kam von ihm.

Saadi, 13. Jhrh.

از گلستان

ای برتر از خیال و قیاس و گمان و وهم
وز هر چه گفته‌اند و شنیدیم و خوانده‌ایم

مجلس تمام گشت و به آخر رسید عمر
ما همچنان در اوّل وصف تو مانده‌ایم

سعدی، قرن ۷ هجری

Aus dem Golestan

O DU, der über allem Zweifel, Vergleich, Denken, Ahnen steht
Und über allem, was man sagte, was wir hörten, lasen:

Das Gespräch ist aus, das Leben nun zu Ende geht,
Doch wir sind immer noch am Anfang, DICH zu preisen.

Saadi, 13. Jhrh.

Aus dem Golestan

Jeden Moment vergeht ein Atemzug vom Leben,
Acht ich genau, ist nicht mehr viel geblieben.

O du, der fünfzig Jahre lang geschlafen,
Versäumtes willst erreichen du in fünf Tagen?

Schande dem, der ging und nichts vollbrachte,
Dem der Abschied geblasen und der seinen Sack nicht packte.

Des ziehenden Morgens süßer Schlaf
Hält manchen Wandrer vom Wege ab.

Jeder, der kam, baute ein neues Gebäude,
Ging und ließ es für andere Leute.

Der andere hatte auch solchen Traum,
Doch konnte er ihn nicht zu Ende bau'n.

Den unbeständigen Freund, den scheue,
Denn Freundschaft ist bedingt durch Treue.

Gute und Böse müssen beide gehn,
Wohl dem, der im Guten als Bester konnte bestehn.

Gute Taten schicke deinem Grab voraus,
Denn niemand bringt sie dir ins Jenseits' Haus.

Das Leben wie Schnee in der Sonne vergeht,
Nur wenig bleibt, doch der Khadje[1] auf seinem Hochmut besteht.

Oh, der du mit leerer Hand in den Basar gingest,
Ich fürchte, daß du auch den Korb leer wiederbringest.

Wer unreif ißt, was er gesät,
Zur Zeit der Ernte betteln geht.

Saadi, 13. Jhrh.

1. Herr

از گلستان

هر دم از عمر می رود نفسی | چون نگه می کنم نماند بسی
ای که پنجاه رفت و در خوابی | مگر این پنج روز دریابی
خجل آنکس که رفت و کار نساخت | کوس رحلت زدند و بار نساخت
خواب نوشین بامداد رحیل | باز دارد پیاده را ز سبیل
هر که آمد عمارتی نو ساخت | رفت و منزل به دیگری پرداخت
وآن دگر پخت، همچنین هوسی | وین عمارت به سر نبرد کسی
یار ناپایدار دوست مدار | دوستی را نشاید این غدّار
نیک و بد چون همی بباید مرد | خنک آنکس که گوی نیکی برد
برگ عیشی به گور خویش فرست | کس نیارد ز پس، ز پیش فرست
عمر برفست و آفتاب تموز | اندکی ماند و خواجه غرّه هنوز
ای تهیدست رفته در بازار | ترسمت پُر نیاوری دستار
هر که مزروع خود بخورد به خوید | وقت خرمنش خوشه باید چید

سعدی، قرن ۷ هجری

از گلستان

گر کسی وصف او ز من پرسد بی دل از بی نشان چه گوید باز

عاشقان کشتگان معشوقند برنیاید ز کشتگان آواز

سعدی، قرن ۷ هجری

Aus dem Golestan

Wenn einer über IHN mich befragt,
Was weiß der Verwirrte vom Unauffindbaren schon.

Die Liebenden sind Opfer des Geliebten,
Nie kam von den Lippen der Toten ein Ton.

Saadi, 13. Jhrh.

از گلستان

ابر و باد و مه و خورشید و فلک در کارند	تا تو نانی به کف آری و به غفلت نخوری

همه از بهر تو سرگشته و فرمانبردار	شرط انصاف نباشد که تو فرمان نبری

سعدی، قرن ۷ هجری

Aus dem Golestan

Wind und Wolke, Sonne, Mond und Himmel bemühen sich,
Damit du dein Brot erwirbst und es wissend ißt.

Al1e beugen sich und folgen IHM für dich,
Recht ist nicht, dass du den Gehorsam brichst.

Saadi, 13. Jhrh.

خرما

خرما نتوان خورد از این خار که کشتیم
دیبا نتوان بافت از این پشم که رشتیم

ما کشتهٔ نفسیم و بس آوخ که برآید
از ما به قیامت که چرا نفس نکشتیم

پیری و جوانی چو شب و روز برآمد
ما شب شد و روز آمد و بیدار نگشتیم

سعدی مگر از خرمن اقبال بزرگان
یک خوشه ببخشند که ما تخم نکشتیم

سعدی، قرن ۷ هجری

Die Dattel

Die Disteln, die wir gepflanzt, werden uns keine Datteln geben,
Von der Wolle, die wir gesponnen, können wir keine Seide weben.

Opfer unserer Sinne sind wir, doch am Jüngsten Gericht
Wird man uns fragen, warum töteten wir unsere Sinne nicht.

Jugend und Alter folgen einander wie Tag und Nacht.
Es wurde Nacht, es wurde Tag, doch wir sind nicht erwacht.

O Saadi, mag sein, daß vom Glück, das die Guten gesät,
Uns eine Ähre zuteil wird, denn wir haben keine Saat gesät.

Saadi, 13. Jhrh.

Der Regentropfen

Von einer Wolke fiel ein Tropfen klar,
Beschämt nahm er die Weite des Meeres wahr.

"Was bin ich gegenüber dem Meer,
Ein Nichts treib in ihm ich her."

Wie er sich so voller Demut besah,
Die Muschel durch ihn eine Perle gebar.

So hoch hob der Himmel ihn empor,
Daß er ihn zur Krone der Juwelen erkor.

Größe erreicht der, der sich tief verneigt[1],
An des Nichts Tor klopft, bis zum All er steigt.

Der Weise wählt Bescheidenheit,
Reich an Früchten, der Ast sich zur Erde neigt.

Saadi, 13. Jhrh.

1. Bescheidenheit und Demut gelten im Iran seit alters her als höchste Tugend (nicht zu verwechseln mit Unterwürfigkeit)

قطره باران

یکی قطره باران ز ابری چکید
خجل شد چو پهنای دریا بدید

که جایی که دریاست من کیستم
گر او هست حقا که من نیستم

چو خود را به چشم حقارت بدید
صدف در کنارش به جان پرورید

سپهرش به جایی رسانید کار
که شد نامور لؤلؤ شاهوار

بلندی از آن یافت کاو پست شد
در نیستی کوفت تا هست شد

تواضع کند هوشمند گزین
نهد شاخ پرمیوه سر بر زمین

سعدی، قرن ۷ هجری

گِلی خوشبو

گلی خوشبوی در حمام روزی — رسید از دست محبوبی به دستم
بدو گفتم که مشکی یا عبیری — که از بوی دلاویز تو مستم
بگفتا من گلی ناچیز بودم — ولیکن مدّتی با گُل نشستم
کمال همنشین در من اثر کرد — وگرنه من همان خاکم که هستم

سعدی، قرن ۷ هجری

Der Lehm

Duftenden Lehm an einem Tag
Gab mir im Bad Freundes Hand.

Ich fragte: “Moschus oder Amber bist du, sag?
Betörend ich deinen Duft empfand.”

Er sprach: “Als einfacher Lehm ward ich geboren,
Doch zum Freund der Blume wurde ich auserkoren.

Ihr Duft drang tief in mich ein,
Sonst würde nichts als Lehm ich sein.”

Saadi, 13. Jahrh.

حکایت

یکی طفل دندان برآورده بود   پدر سر به فکرت فرو برده بود

که من نان و برگ از کجا آرمش   مروّت نباشد که بگذارمش

چو بیچاره گفت این سخن نزد جفت   نگر تا زن او را چه مردانه گفت

مخور هول ابلیس تا جان دهد   هم آن کس که دندان دهد نان دهد

سعدی، قرن ۷ هجری

Erzählung

Ein Kind bekam einen Zahn
Der Vater war vertieft in Gram.

“Woher soll ich Speis und Brot für ihn nehmen,
Ich muss ihm doch zu essen geben. “

Seinem Weibe der Mann also klagte,
Hör was die tapfere Frau zu ihm sagte:

“Fürchte nicht den Teufel, verrecken soll er,
Zähne und Brot gibt Gott der Herr.”

Saadi, 13. Jhrh.

حکایت

یکی در بیابان سگی تشنه یافت　　برون از رمق در حیاتش نیافت

کُله دَلو کرد آن پسندیده کیش　　چو حبل اندر آن بست دستار خویش

به خدمت میان بست و بازو گشاد　　سگ ناتوان را دمی آب داد

خبر داد پیغمبر از حال مَرد　　که داور گناهان او عفو کرد

سعدی، قرن ۷ هجری

Erzählung

Einer fand in der Wüste einen durstigen Hund,
Verdurstend schlug ihm die letzte Stund.

Einen Napf machte aus seinem Hut der gute Mann,
Seinen Schal wie ein Seil band er daran.

So zu Diensten bereit stand der Mann
Und bot dem Hund zu trinken an.

Da hörte er die Stimme des Propheten,
Der Herrgott habe ihm seine Sünden vergeben.

Saadi, 13. Jhrh.

Erzählung

Auf dem Weg traf ich einen jungen Mann,
Ihm lief ein Schäfchen hintenan.

“Strick und Fessel”, so zu ihm ich sprach,
“Lassen das Schäfchen dir folgen nach.”

Die leichte Fessel löste er,
Gleich lief das Schäfchen hin und her.

Voraus ging der Mann, das Schaf hinterher,
Es fraß aus seiner Hand Gerste, Gras und noch mehr.

Voll Freude und Lust kam zurück der Mann.
“O hoher Herr”, sprach er mich an,

“Nicht die Kette ist’s, die es zu mir trieb,
Die Fessel um seinen Hals ist nur die Lieb’.”

Saadi, 13. Jhrh.

جوان زانو زده در حال نواختن فلوت؛ امضای معین مصور، مکتب اصفهان

Kniend Jugend spielt Flöte; von Moin Mosawwar unterzeichnet; Esfahan Schule

بانویی در حال شمارش با انگشتان خود؛ امضای رضا عباسی، مکتب اصفهان
Eine persische Dame; von Reza Abbasi unterzeichnet; Esfahan Schule

حکایت

به ره بر یکی پیشم آمد جوان — به تک در پیش گوسفندی دوان

بدو گفتم این ریسمان است و بند — که می آرد اندر پی ات گوسفند

سبک طوق و زنجیر ازاو باز کرد — چپ و راست پوییدن آغاز کرد

هنوز از پیش تازیان می دوید — که جو خورده بود از کف مرد و خوید

چو باز آمد از عیش و شادی به جای — مرا دید و گفت ای خداوند رای

نه این ریسمان می برد با منش — که احسان کمندیست در گردنش

سعدی، قرن ۷ هجری

گربه و پیرزن

یکی گربه در خانهٔ زال بود   که برگشته احوال و بد حال بود

روان شد به مهمانسرای امیر   غلامان سلطان زدندش به تیر

چکان خونش از استخوان می‌دوید   همی گفت و از هول جان می‌دوید

اگر جستم از دست این تیرزن   من و موش و ویرانهٔ پیرزن

سعدی، قرن ۷ هجری

Die Alte und die Katze

Eine Katze wohnte im Haus einer Alten,
Stets war sie mürrisch und ungehalten.

Fort lief sie in des Emirs Schloss,
Des Sultans Diener mit Pfeilen auf sie schoss.

In Strömen ihr das Blut über den Körper lief,
In Todesangst pochte ihr Herz, und sie rief:

“Wenn ich diesen Pfeilen heil entgehe,
Mit der Hütte und Mäusen ich vorliebnehme.”

Saadi, 13. Jhrh.

حکایت

یکی بچهٔ گرگ می پروَرید | چو پرورده شد خواجه را بردرید
چو بر پهلوی جان سپردن بخفت | زبان آوری بر سرش رفت و گفت
تو دشمن چنین نازنین پروری | ندانی که ناچار زخمش خوری

سعدی، قرن ۷ هجری

Ein Wölfchen

Ein Wölfchen wuchs auf bei einem Mann,
Als es gross war, fiel es ihn an.

Als der nun in den letzten Zügen lag,
Ein weiser Mann also zu ihm sprach:

“Wusstest du nicht, dass dich einst wird verwunden,
Der Feind, dem du in Liebe warst verbunden?”

Saadi, 13. Jhrh.

حکایت

مگر دیده باشی که در باغ و راغ
بتابد به شب کرمکی چون چراغ

یکی گفتش «ای کرمک شب‌فروز
چه بودت که بیرون نیایی به روز؟»

ببین کاتشین کرمک خاکزاد
جواب از سر روشنایی چه داد

که من روز و شب جز به صحرا نیم
ولی پیش خورشید پیدا نیم

سعدی، قرن ۷ هجری

Das Glühwürmchen

Sahst du nicht, wie auf Wiese und Feld
Ein kleiner Wurm die Nacht erhellt?

Jemand fragte: “O Glühwürmchen, sag,
Warum bist du nicht zu sehen am Tag?”

Hör, was der feurige Wurm im Sand
Für kluge Antwort für ihn fand.

“Tag und Nacht tu ich mich auf dem Feld ergehn,
Doch scheint die Sonne, bin ich nicht zu sehn.”

Saadi,13. Jhrh.

Die Kerze und der Nachtfalter

Eines Nachts, als mein Auge wachte,
Hört ich, wie der Falter zur Kerze sagte:

“Ich bin verliebt, wenn ich brenn, ist’s nur recht,
Warum du weinst, versteh’ ich schlecht.”

Da sagte die Kerze: “Du treues Herz,
Die Trennung von Schirin ist’s, die mich schmerzt.

Weil wie Honig meine Geliebte aus meinem Körper rinnet,
Der Liebe Flamme wie Farhad[1] über mir brennet.”

So sprach sie, und eine Flut von Schmerz,
Floß über das gelbe Antlitz der Kerz.

“Du, der behauptet zu lieben und zu leiden,
Kannst nicht warten und nicht am Orte bleiben,

Vor einer einzigen Flamme fürchtest du dich,
Bis zum Ende stehe und brenne ich.

Wenn die Flamme der Liebe dir einen Flügel versengt,
Schau,wie sie mich von Kopf bis Fuß verbrennt.”

So sprach die Kerze, als der Rauch sie hüllte ein.
Dies war die Mär einer Liebe, o Söhnchen mein.

Saadi, 13. Jhrh.

1 . Schirin und Farhad sind ein Liebespaar aus der iranischen Mythologie. Schirin bedeutet: die Süße.

پروانه و شمع

شبی یاد دارم که چشمم نخفت
شنیدم که پروانه با شمع گفت

که من عاشقم گر بسوزم رواست
تورا گریه و سوز باری چراست؟

بگفت ای هوادار مسکین من
برفت انگبین یار شیرین من

چو شیرینی از من بدر می‌رود
چو فرهادم آتش به سر می‌رود

همی گفت و هر لحظه سیلاب درد
فرو می‌دویدش به رخسار زرد

که ای مدّعی عشق کار تو نیست
که نه صبر داری نه یارای ایست

تو بگریزی از پیش یک شعلهٔ خام
من استاده‌ام تا بسوزم تمام

تورا آتش عشق اگر پر بسوخت
مرا بین که از پای تا سر بسوخت

همی گفت و می‌رفت دودش به سر
همین است پایان عشق ای پسر

سعدی، قرن ۷ هجری

Mystisches Ghasal

Öffne ich die Augen, DEINE Herrlichkeit ich erblicke,
Öffne ich die Lippen, an DEINEM Nektar ich mich erquicke.

Ich meine, es sei sinnlos mit den Menschen zu reden,
Doch wenn sie über DICH sprechen, will die Stimme ich erheben.

Nur tausendmal lahmend geh ich all die Wege,
Auf dem Weg zu DIR ich mich in Eile bewege.

Mein Licht Sonne und Mond überscheint,
So ich meine Gedanken meinem Herrgott habe geweiht.

Vor Freude wuchsen mir Flügel und wie Bahram[1]
Zur Mosche des Siebten Himmels meine Gebete ich nahm.

Wie die Sonne werd ich zu Feuer; und von des Herzens Funken,
Mach ich jedes Stäubchen vor Liebe trunken.

Sei ruhig und verweile eine Weile in Stille,
Damit ich für dich die Harfe spiele.

Molawi, 13. Jhrh.

1. der Stern Mars, der am siebten Himmel steht

غزل

همه جمال تو بینم چو چشم باز کنم | همه شراب تو نوشم چو لب فراز کنم

حرام دارم با مردمان سخن گفتن | و چون حدیث تو آید سخن دراز کنم

هزار گونه بلنگم به هر رهم که برند | رهی که آن بسوی توست ترک تاز کنم

ز آفتاب و ز مهتاب بگذرد نورم | چو روی دل به شهنشاه دلنواز کنم

چو پر و بال برآرم ز شوق چون بهرام | به مسجد فلک هفتمین نماز کنم

چو آفتاب شوم آتش و ز گرمی دل | چو ذره ها همه را مست و عشقباز کنم

خموش باش و زمانی بساز با خمشی | که تا برای سماع تو چنگ ساز کنم

مولوی، قرن ۷ هجری

Moses und der Hirt

Moses sah, wie ein Hirt schritt vor ihm her
Und sprach: “O Gott, o du mein Herr.

Wo bist du, damit ich dir dienen kann,
Deine Sandalen nähen, deine Haare kämmen kann.

Deine Hände küsse, deine Füße reibe,
Des Nachts dir liebend dein Lager bereite.”

So sprach der Hirt sinnlos daher,
Als Moses ihn fragte: “Mit wem sprichst du, Kerl?”

Er sagte: “Mit dem, der uns geschaffen hat,
Der Himmel und Erde zum Sein gebracht.”

“Was sind das für dumme, gottlose Reden,
Deinen Mund solltest du mit Wolle verknebeln.

Sandalen und Schuhe sind gut für dich,
Das LICHT bedarf solcher Dinge nicht.

Die Freundschaft des Dummen ist Feindschaft gleich,
Der Herrgott ist solcher Dienste reich.”

Er sprach: “O Moses, geschlossen hast du meinen Mund.
Ich bereue tief, mein Herz ist ganz wund.”

Sein Hemd zerriß er und stöhnte tief,
Seinen Kopf gesenkt, er in die Wüste lief.

Da hörte Moses die Stimme des Herrn:
“Meine Geschöpfe hältst du von mir fern.

موسی و شبان

دید موسی یک شبانی را به راه / کو همی گفت ای کریم و ای اله
تو کجایی تا شوم من چاکرت / چارقت دوزم کنم شانه سرت
دستکت بوسم بمالم پایکت / وقت خواب آید بروبم جایکت
زین نمط بیهوده می‌گفت آن شبان / گفت موسی «با که استت ای فلان؟»
گفت «با آن کس که ما را آفرید / این زمین و چرخ ازو آمد پدید»
این چه ژاژ است چه کفر است و فشار / پنبه‌ای اندر دهان خود فشار
چارق و پاتابه لایق مر تو راست / آفتابی را چنین‌ها کی رواست؟
دوستی بی‌خرد خود دشمنی است / حق تعالی زین چنین خدمت غنی است
گفت «ای موسی دهانم دوختی / وز پشیمانی تو جانم سوختی»
جامه را بدرید و آهی کرد تفت / سر نهاد اندر بیابان و برفت
وحی آمد سوی موسی از خدا / بندهٔ ما را ز ما کردی جدا

Um zu binden bist du auf Erden,
Nicht, daß diese Bande zerrissen werden.

Jedem gab ich ein anderes Wesen,
Jeden ließ ich mit anderen Worten reden.

Was für ihn Lob ist, ist für dich Pein,
Was für ihn Honig ist, mag Gift für dich sein.

Ich achte nicht auf das Äussere oder was sie sagen,
Sondern nur auf das, was sie in ihren Herzen tragen.

Eine Flamme der Liebe zünde in ihrer Seele an,
Dann verbrenne alle Gedanken und Worte daran."

Als Moses diesen Tadel Gottes hört,
Läuft er in die Wüste nach dem Hirt.

Ihm ruft er zu, als er ihn fand:
"Gute Botschaft gebe ich dir bekannt.

Such nicht nach schönen Formen und Worten,
Sprich mit IHM, wie's dein liebendes Herz dir geboten."

Molawi, 13. Jhrh.

تو برای وصل کردن آمدی	نی برای فصل کردن آمدی
هر کسی را سیرتی بنهاده‌ام	هر کسی را اصطلاحی داده‌ام
در حق او مدح و در حق تو ذم	در حق او شهد و در حق تو سم
ما برون را ننگریم و قال را	ما درون را بنگریم و حال را
آتشی از عشق در جان برفروز	سربسر فکر و عبارت را بسوز
چونک موسی این عتاب از حق شنید	در بیابان از پی چوپان دوید
عاقبت دریافت او را و بدید	گفت مژده ده که دستوری رسید
هیچ آدابی و ترتیبی مجو	هر چه می‌خواهد دل تنگت بگو

مولوی، قرن ۷ هجری

عشق

آن روز که عشق با دلم بستیزد   جان پای برهنه از میان بگریزد

دیوانه کسی که عاقلم پندارد   عاقل، مردی که او ز من پرهیزد

مولوی، قرن ۷ هجری

Die Liebe

An dem Tag, an dem die Liebe mein Herz bekriegt,
Die Seele barfuß dem Schauplatz entflieht.

Ein Narr ist der, der mich für weise hält,
Weise ist der, der sich nicht zu mir gesellt.

Molawi, 13. Jhrh.

وفا

هر روز دلم در غم تو زارتر است   وز من دل بی رحم تو بیزارتر است
بگذاشتی ام غم تو نگذاشت مرا   حقّا که غمت از تو وفادارتر است

مولوی، قرن ۷ هجری

Die Treue

Jeden Tag weint mein Herz mehr Tränen um dich,
Dein hartes Herz wird meiner immer mehr überdrüssig.

Du gibst mich auf, die Trauer tut das nicht,
Treu ist die Trauer, du bist es nicht.

Molawi, 13. Jhrh.

Der Paradiesvogel

Am Tage denke ich und frage mich bei Nacht,
Warum ich meines Herzens Regung nicht beacht.

Woher komme ich, wohin gehe ich,
Warum kam ich, und warum weist du mir meine Heimat nicht.

Heiss brennt die Frage, warum ER mich geschaffen hat,
Was ist der Sinn, dass ER dies tat?

Der Paradiesvogel bin ich, nicht von dieser Welt aus Staub,
Für kurze Zeit wurde ein Käfig aus meinem Körper gebaut.

Wohl dem Tag, an dem ich fliege,
Meine Flügel ausbreite, um zu sehen meine Liebe.

Wer ist im Ohr, der mein Lied versteht,
Wer ist's, der mir die Worte in den Mund gelegt?

Wer ist's, der aus meinen Augen blickt,
Welche Seele ist's, die mein Körper wie ein Hemd umgibt?

Nicht von selbst kam ich, um dann selbst zu gehen,
Der mich brachte, wird mich in meine Heimat nehmen.

Ein Schleier ist zwischen mir und meiner LIEBE,
Zeit wird's, dass ich den Schleier beiseite schiebe.

O Morgenwind, den Duft der Vereinigung zu mir trag,
Damit ich vor Freude den Käfig zusammenschlag.

Molawi zugeschrieben, 13. Jhrh.

فرش تصویری کُرک کاشان، پرتره نادرشاه و وزیران او

Wollteppich aus Keschan; porträtbild von Nader Schah mit seinen Ministern

خوشنویسی شعر حافظ به خط سلطان علی مشهدی؛ قرن هشتم هجری

persische Kalligrafie aus Hafiz Gedichten von Soltan-Ali Maschhadi; 14. Jahrhundert

طایر قدس

روزها فکر من اینست و همه شب سخنم که چرا غافل از احوال دل خویشتنم
از کجا آمده ام آمدنم بهر چه بود به کجا می روم آخر ننمایی وطنم
مانده ام سخت عجب کز چه سبب ساخت مرا یا چه بودست مُرادوی ازین ساختنم
مرغ باغ ملکوتم نیم از عالم خاک دو سه روزی قفسی ساخته اند از بدنم
خنک آن روز که پرواز کنم تا بر دوست به هوای سر کویش پر و بالی بزنم
کیست در گوش که او می شنود آوازم یا کدامین که سخن می نهد اندر دهنم
کیست در دیده که از دیده برون می نگرد یا چه شخصی است نگویی که منش پیرهنم
نه بخود آمدم اینجا که بخود باز روم آن که آورد مرا باز برد تا وطنم
در میان من و معشوق همین است حجاب وقت آنست که این پرده به یکسو فکنم
ای نسیم سحری بوی وصالش بمن آر تا من از شوق قفس را همه درهم شکنم

منسوب به مولوی، قرن ۷ هجری

Der Tanz der Narren

Wieder fliesst Liebe von meiner Tür und Wand,
Wieder hat mein rachsüchtiges Kamel zerrissen das Band.

Wieder öffnet seine Krallen der Löwe Liebe,
Nach meinem Blut lechzt wieder meine Geliebte.

Wieder ist Neumond, und der Tanz der Narren beginnt,
O, dass all mein Wissen nutzlos im Sand verrinnt.

Meine Geduld schläft ein, fort spült der Fluss mein Denken,
Meine Seufzer verweht der Wind, wohin wird mich das lenken?

Soll ich dir die Ketten nennen, die die Liebenden binden?
Die Locken meiner Liebsten sinds, die sich umeinander winden.

Lust und Freude kommen jetzt, oh du mein gefangener Leib,
Der Genesung Khalat[1] wird deinem kranken Herz geweiht.

Molawi, 13. Jhrh.

1. kostbares Gewand, das der König gleich einem Orden vergibt.

غزل

باز فرو ریخت عشق از در و دیوار من
باز ببرید بند، اشتر کین‌دار من

بار دگر شیر عشق پنجهٔ خونین گشاد
تشنهٔ خونین گشت باز دلبر خونخوار من

باز سر ماه شد نوبت دیوانگیست
آه که سودی نداشت دانش بسیار من

صبر مرا خواب برد عقل مرا آب برد
کاه مرا باد برد تا چه شود کار من

سلسلهٔ عاشقان، با تو بگویم که چیست
آنکه مسلسل شود طرّه دلدار من

نوبت عشرت رسید ای تن محبوس من
خلعت صحت رسید ای دل بیمار من

مولوی، قرن ۷ هجری

نور خدا

گفتند که شش جهت همه نور خداست — فریاد ز خلق خاست کان نور کجاست

بیگانه نظر کرد به هر سو چپ و راست — گفتند دمی نظر مکن بی چپ و راست

مولوی، قرن ۷ هجری

Gottes Licht

Man sagt, auf sechs Seiten scheine Gottes Licht,
Schreie brechen aus der Menge: “Wo ist das Licht?”

Ein Fremder kommt, sucht überall, auch rechts und links,
Stimmen werden laut: “Schau eine Weil, doch weder rechts noch links.”

Molawi, 13. Jhrh.

آرزوی عارف

دی شیخ با چراغ همی گشت گرد شهر — کز دیو و دد ملولم و انسانم آرزوست
گفتند یافت می نشود جسته ایم ما — گفت آنچه یافت می نشود آنم آرزوست

مولوی، قرن ۷ هجری

Die Sehnsucht des Weisen

Suchend ging der Sheikh durch die Stadt mit einem Licht,
"Satt bin ich der Bestien, nach einem Menschen sehn ich mich."

"Den", sagen sie, "suchten wir, doch ihn gibt es nicht."
"Was es nicht gibt", sagt er, "danach sehn ich mich."

Molawi, 13. Jhrh.

عشق

عشق آمد و شد چو خونم اندر رگ و پوست   تا کرد مرا خالی و پر کرد از دوست
اجزای وجودم همگی دوست گرفت   نامیست ز من بر من و باقی همه اوست

مولوی، قرن ۷ هجری

Die Liebe

Wie das Blut drang in meine Adern und Haut die Lieb,
Verdrängte alles in mir, so daß nur sie blieb.

Mein ganzes Sein hat die Liebe genommen,
Mir blieb nur der Name, den Rest hat sie bekommen.

Molawi, 13. Jhrh.

آیین زندگی

بخور بپوش و بپاش و بدان که حاصل عمر — خرد نداشت کسی کو بدیگران بگذاشت

منه ذخیره که بسیار کس ز غایت حرص — نهاد گنج به صد رنج و دیگری برداشت

ابن یمین، قرن ۷ و ۸ هجری

Weisheit

Lebe gut, geize nicht und wisse, dass das erworbene Gut
Nur ein Narr den andern überlassen tut.

Horte nicht, denn so manchen hat die Gier überkommen,
Seinen mühsam gesammelten Schatz hat ein anderer genommen.

Ebn Yamin, 13./ 14. Jhrh.

مزرع سبز فلک

مزرع سبز فلک دیدم و داس مه نو
یادم از کشتهٔ خویش آمد و هنگام درو

گفتم ای بخت بخسبیدی و خورشید دمید
گفت با این همه از سابقه نومید مشو

حافظ، قرن ۸ هجری

Das grüne Feld

Das grüne Feld der Welt sah ich und die Sichel vom Mond,
An das, was ich pflanzte, dachte ich und die Ernte, die mir droht.

Ich sagte: “O Glück, du schläfst noch, die Sonne geht auf.”
Das Glück sagt: “Dennoch gib nie die Hoffnung auf das von IHM
Bestimmte auf.”

Hafiz, 14. Jhrh.

نفس باد صبا

نفس باد صبا مشک‌فشان خواهد شد   عالم پیر دگرباره جوان خواهد شد

ارغوان جام عقیقی به سمن خواهد داد   چشم نرگس به شقایق نگران خواهد شد

این تطاول که کشید از غم هجران بلبل   تا سراپردهٔ گل نعره‌زنان خواهد شد

حافظ، قرن ۸ هجری

Der Morgenwind

Getränkt vom Moschus wird der Morgenwind wehen,
Die alte Welt wird in voller Jugend auferstehen.

Die Arghawan[1] werden mit roten Kelchen den Garten schmücken,
Die Augen[2] der Narzissen mit Bangen auf den Mohn blicken.

Der Bolbol[3], der die Qual der Trennung erlitt und den Verzicht,
Beim Anblick der Blumen in Jubel ausbricht.

Hafiz , 14. Jhrh.

1. der Judasbaum / 2. die Narzissen sterben, sobald der Mohn blüht / 3. die Nachtigall

Das Testament von Hafiz

Da ich im Trunke sterben werde,
Bringt mich auf die Art der Trunkenen unter die Erde.

Baut aus dem Rebstock mir einen Sarg,
Auf dem Weg zur Kharabat[1] grabt mir mein Grab.

Die Totenwäsche mit deren Wasser nehmt vor,
Auf trunkenen Schultern hebt mich empor.

Nichts als Wein schüttet auf mein Grab,
Zu meiner Trauerfeier bringt nur die Robab[2].

Eine Bedingung stell ich zu meinem Tod wieder,
Dass keiner weint, ausser der Musik vom Harfenspieler.

Hafiz zugeschrieben, 14. Jhrh.

1. eine Schenke, in der Dichter und Denker einkehrten / 2. ein Saiteninstrument

وصیت حافظ

من از آنگه گردم به مستی هلاک
به آیین مستان بریدم به خاک

به تابوتی از چوب تاکم کنید
به راه خرابات خاکم کنید

به آب خرابات غسلم دهید
پس آنگاه بر دوش مستم نهید

مریزید بر گور من جز شراب
میارید در ماتمم جز رباب

ولیکن به شرطی که در مرگ من
ننالد به جز مطرب چنگ زن

منسوب به حافظ، قرن ۸ هجری

Ich will tun, was ...

Ich will tun, was immer ich kann,
Um zu entfernen vom Herzen den Gram.

Das einsame Herz ist nicht der Gegner Hort,
Wenn der Engel einzieht, läuft der Satan fort,

In der Nacht des Jalda[1] haben die dunklen Mächte das Wort,
Das Licht such bei der Sonne in einem fort.

Wie lange willst du warten vor des Khadje's Tor,
Bis der hartherzige Herr kommt hervor?

Schätze wirst du finden - darum lass nicht das Flehen -
Im Blick des Weisen, der hier wird vorübergehen.

Gute und Böse haben ihre Werke vor IHN gelegt,
Lass sehen, welche ihrer Taten vor SEINEM Blick besteht.

O liebender Bobol, verlange du das Leben,
Der Garten wird grünen, und die Zweige Blumen geben.

Hafiz, 14. Jhrh.

1. längste Nacht des Jahres

بر سر آنم ...

بر سر آنم که گر ز دست برآید
دست به کاری زنم که غصّه سر آید

خلوت دل نیست جای صحبت اضداد
دیو چو بیرون رود فرشته درآید

صحبت حکام ظلمت شب یلداست
نور ز خورشید خواه بو که برآید

بر در ارباب بی مروّت دنیا
چند نشینی که خواجه کی بدرآید

ترک گدایی مکن که گنج بیابی
از نظر رهروی که در گذر آید

صالح و طالح متاع خویش نمودند
تا که قبول افتد و که در نظر آید

بلبل عاشق تو عمر خواه که آخر
باغ شود سبز و شاخ گل ببر آید

منسوب به حافظ، قرن ۸ هجری

Josef, der Verlorene

Josef, der Verlorene, kehrt heim nach Kanaan, sorge dich nicht,
Die Trauerhütte wird einst zum Blumenhain, sorge dich nicht.

O leidendes Herz, du wirst genesen, nimm's nicht so schwer,
Diese wirren Gedanken werden sich wieder ordnen, sorge dich nicht.

Wenn des Lebens Frühling wieder die Wiese erreicht,
Wirst eine Blumenkrone du tragen, o Bolbol, sorge dich nicht.

O Herz, wenn des Unheils Flut die Wurzel des Seins zerstört,
So du Noah zum Steuermann hast, um den Sturm sorge dich nicht.

Der Lauf der Welt mag uns manchmal nicht entsprechen,
Nicht immer sind die Zeiten gleich, darum sorge dich nicht.

Verharre im Hoffen, nichts weisst du vom Geheimnis des Verborgenen,
Lass hinterm Schleier die verborgenen Spiele, du sorge dich nicht.

Wenn vor Freude auf die Kaabe dich deine Schritte in die Wüste lenken,
Und die Dornen der Moghilan[1] dich mit Schmerzen bedenken,
sorge dich nicht.

Auch wenn der Weg voll Gefahr ist und das Ziel sehr weit,
Kein Weg ist ohne Ende, darum sorge dich nicht.

O Hafiz, im Winkel der Armut, in der Einsamkeit dunkler Nächte,
Hab ein Gebet auf den Lippen, die Lehre des Koran vor dir und sorge
dich nicht.

Hafiz, 14. Jhrh.

1. eine Dornenpflanze

یوسف گم گشته

یوسف گم گشته باز آید به کنعان غم مخور / کلبهٔ احزان شود روزی گلستان غم مخور
ای دل غمدیده حالت به شود دل بد مکن / وین سر شوریده باز آید به سامان غم مخور
گر بهار عمر باشد باز بر تخت چمن / چتر گل در سر کشی ای مرغ خوشخوان غم مخور
ای دل ار سیل فنا بنیاد هستی برکند / چون تو را نوح است کشتیبان ز طوفان غم مخور
دور گردون گر دو روزی بر مراد ما نرفت / دایما یکسان نباشد حال دوران غم مخور
هان مشو نومید چون واقف نیی از سرّ غیب / باشد اندر پرده بازیهای پنهان غم مخور
در بیابان گر به شوق کعبه خواهی زد قدم / سرزنش‌ها گر کند خار مغیلان غم مخور
گر چه منزل بس خطرناکست و مقصد بس بعید / هیچ راهی نیست کان را نیست پایان غم مخور
حافظا در کنج فقر و خلوت شبهای تار / تا بود وردت دعا و درس قرآن غم مخور

حافظ، قرن ۸ هجری

Der Bauer und der Vogel

Ein Bauer hatte einen Garten voller Blüten,
In dem Tulpen hell wie Leuchten glühten.

Rosen, Zypressen und Weiden in Reihe standen,
Granatäpfel, Quitten und Äpfel waren auch vorhanden.

Die Narzisse neigte sich trunken zum Rasen hin,
Lärmte und trieb Unfug mit dem Jas[1] und Jasmin.

Auf jedem Zweig ein Singvogel sang,
Sodass Verstand und Vernunft einem schwand.

Der Bauer, stark wie ein Elefant,
Nahm voll Eifer die Schaufel in die Hand.

Überall im Garten liess er Wasser fliessen[2],
Und tat so jede einzelne Pflanze begiessen.

Kurz darauf er zum Obstgarten kam,
Dort sah er einen Vogel, der sich ganz närrisch benahm.

Mit Krallen und seinem langen Schnabel war er drauf aus,
Alles was er sah, zu zupfen heraus.

Den Bauer verspottend, schlug er wild um sich,
Reifes und Unreifes schlang er in sich.

So hoch flammte der Zorn im Mann,
Dass seines Zornes Flamme die ganze Welt steckte an.

Korn streute er aus, stellte eine Falle auf,
In die ging der Vogel bald darauf.

Aus dem Hinterhalt, wie ein Teufel, sprang der Mann
Und fing den Vogel zu schlagen an.

1. kleine, stark duftende weisse Blüte / 2. die Bewässerung iranischer Gärten erfolgt durch Regulierung des Wasserlaufs mit der Schaufel

نقش قلمکار روی کتان، ۱۰۰ × ۱۷۵ سانتی‌متر؛ هنر دستی اصفهان، قرن چهاردهم هجری

Kaliko, Esfahan; zweite Hälfte des 19. Jahrhunderts; 175×100 cm.

نقاشی پشت شیشه، قرن سیزدهم هجری
Hinterglasmalerei; Anfang des 19. Jahrhunderts

برزگر و مرغ

برزگری داشت یکی تازه باغ — لاله درخشنده در او چون چراغ
سرو و گل و بید کشیده رده — نار و به و سیب به هم در شده
نرگس سرمست به طرف چمن — عربده کن با سمن و یاسمن
بر سر هر شاخ سراینده‌ای — هوش بری عقل ربایند‌ه‌ای
صاحب بستان چو یکی ژنده فیل — از هوس اندر بغل آورده بیل
آب روان کرده به هر گوشه‌ای — توشه جان داده به هر خوشه‌ای
کرد گذر بر طرف میوه زار — دید یکی مرغک دیوانه وار
چنگل و منقار کشیده دراز — هر چه همی دید همی کرد باز
می زد و می کرد بر او ریشخند — پخته و ناپخته فرو می فکند
برزگر از کینه چنان برفروخت — کاتش خشمش همه عالم بسوخت
دانه بگسترد و تله برنهاد — مرغک غافل به تله در فتاد
مرد چو دیوی ز کمینگه بجست — زد دو سه گامی به سرش برنشست

Die Falle warf er um, das Messer er zog,
Ihm den Kopf abzuschneiden, er erwog.

Der Vogel fing zu jammern an,
"Lass mir mein Leben, guter Mann.

Lass ab von meinem Blut und meinem Leben,
Dann will ich dir drei Ratschläge geben.

Der erste Rat sei: Glaub es nicht,
Wenn jemand unsinnige Worte spricht.

Der zweite Rat sei: Es tut nicht gut,
Wenn du dich grämst um verloren Gut.

Der dritte Rat sei alsodann,
Lauf nicht nach Dingen, die man nicht haben kann."

Da überkam den Mann Barmherzigkeit,
Laut Gottes Gebot[1] wurde der Vogel befreit.[2]

Aus des Bauers Hand kam der kluge Vogel geflogen,
Grad wie ein Pfeil schnellt aus dem Bogen.

Auf einem Zweig sitzend begann er zu singen,
Der Jammer des Mannes tat nun erklingen.

"Weisst du", fragt der Vogel, "was geschah deiner Hand?
Und war dein Gegner dir überhaupt bekannt?

Einen Schatz im Entenei trag ich im Bauch,
Kostbarer als ein ganzes Land ist er auch."

Der Mann bereute des Vogels Freiheit sehr,
Zu Kummer wurde seine Freude mehr und mehr.

Zum Vogel sagt er:"Lass das doch gehen,
Ein Gespräch mit dir ist mehr wert als tausend Juwelen.

Sei mein Freund und meiner Seele Labe,
Verschöne dadurch meine jetzigen Tage."

Es lachte der Vogel über des Mannes List,
"Wohlauf", sprach er, "was für ein Fuchs du bist.

1. aus dem Koran: arab. La en shakartom la azidannakom; So Ihr Euren Dank erweiset, gebe ich Euch an Überfluss. / 2. ein Lebewesen befreien, heisst Gott danken.

دام برافکند و برآهیخت تیغ
تا ببُرد گردن آن بی دریغ

مرغک بیچاره بنالید زار
گفت جوانمرد به جان زینهار

دست ز خون ریختن من بدار
تا سه نصیحت دهمت یادگار

پند نخست آنکه محال سخن
هر که بگوید به تو باور مکن

پند دوّم آنکه ز غم درگذر
مال چو از دست شدت غم مخور

پند سیم آنکه مریز آبروی
در پی چیزی که نیابی مپوی

مرد جهان بین کرم آباد کرد
وز پی آزادیش آزاد کرد

مرغک دانا ز کف باغبان
جست چو تیری که جهد از کمان

بر سر شاخی شد و آواز کرد
درد دل مرد دگر ساز کرد

گفت چه دانی که ز دستت چه شد
یا چه شناسی که حریفت که بُد

بر صفت بیضهٔ بط گوهری
در شکمم بود به از کشوری

مرد پشیمان شد از آزادیش
غصه و غم گشت همه شادیش

گفت به مرغ از سر این درگذر
صحبت تو به ز هزاران گهر

مونس من باش و دلارام من
تازه کن از وصل خود ایّام من

مرغ بخندید و درآمد به راز
گفت زهی ابله نیرنگ باز

Solange du nichts wusstest von meinem Gut,
Schien es dir recht, zu vergiessen mein Blut.

Sagte ich dir nicht, du böser Mann,
Nicht zu verlangen, was man nicht haben kann.

Warum willst du dich jetzt gesellen zu mir,
Hast du vergessen welchen Rat ich gab dir?

Ein Entenei kann gewiss nicht sein
Im Bauch eines Vogels, wie ich so klein.

Um einen Schatz, den's nicht gibt – wenn's ihn auch gäbe -
So er dir entgeht, vergiess keine Träne!"

Djalal Farahani, 14. Jhrh.

تا نشنیده بدی احوال مال		خون مرا داشته بودی حلال

شرط نکرده بدم ای کینه جوی		با تو که چیزی که نیابی مجوی

از چه شدی طالب پیوند من		زود فراموش شدت پند من

هم نبود به بصینه بط بی شکی		در شکم کوچک گنجشگکی

مال که خود نیست و گر نیز هست		غم چه خوری چونکه برفتت ز دست

جلال الدّین جعفر فراهانی، قرن ۸ هجری

Versunken

Trunkene Liebende sind wir, nach Gott uns sehnend,
Getrennt von diesen Menschen sind wir, den Wein verehrend.

Wie Moses auf dem Berg Tur[1] schwindet uns der Sinn,
Verwirrt sind wir und suchen das Antlitz von IHM.

Eingeschlossen in unserer Brust der Geliebte lebt,
In uns sieht er einen Sufi, der aus Klarheit und Harmonie besteht.

Im Meer sind wir versunken, nach Wasser suchen wir nicht mehr,
O du, der am Ufer steht, was weisst du, wo wir sind im Meer.

Wie der Neumond sind wir manchmal, hell wie der Vollmond auch,
Im Westen sind wir manchmal, oder steigen im Osten auf.

Schah Nematollah Wali, 14./ 15. Jhrh.

1. der Berg Tur ist der Berg Sinai, auf dem Moses die zehn Gebote bekommen hat.

غرق محیط

ما عاشق مستیم و طلبکار خدائیم　　ما باده پرستیم و ازین خلق جدائیم

بر طور وجودیم چو موسی شده از دست　　بی پا و سر آشفته و جویای لقائیم

در صومعهٔ سینهٔ ما یار مقیم است　　ما از نظر شش صوفی صافی صفائیم

ما غرق محیطیم و نجوئیم دگر آب　　ای بر لب ساحل تو چه دانی که کجائیم

گاهی چو هلالیم و گهی بدر منیریم　　گاهی شده در غرب و گه از شرق برآئیم

شاه نعمت الله ولی، قرن ۸ و ۹ هجری

Der Bär

Gierig auf Beute an einen Fluss sich begab
Ein Bär, um zu fangen die Fische, die es gab.

Plötzlich die Fische aus dem Wasser sprangen,
Seine Tatze streckt er aus, um einen zu fangen.

Ins Wasser fiel er, weil sein Fuss ausglitt,
Sein Pelz wurde nass durch diesen Fehltritt.

Auf dem Weg hat so manchen die Gier überkommen,
Im Brunnen bleibt er stecken, ohne zum Trinken zu kommen.

Das Wasser sucht er, um zu leben,
Stattdessen muss er sein Leben geben.

So breit und so dunkel ist der Fluss,
Dass der arme Bär ganz verzweifeln muss.

Sinnlos er mit seinen Tatzen um sich schlug,
Schliesslich überliess er sich der Flut.

Weil dem Schicksal man nicht mit List entrinnen kann,
Muss der List entsagen jedermann.

Kreisend das Wasser ihn mit sich nimmt,
Er gibt sich auf, doch sein Körper schwimmt.

Zwei Männer in der Ferne ans Ufer gelangen,
Um eiligst ihre Arbeit anzufangen.

Plötzlich lassen sie ihre Blicke übers Wasser gehn,
Sie erstarren und glauben nicht, was sie da sehn.

Was schwimmt dort, lebt es überhaupt,
Oder ist's eine ausgestopfte Haut?

داستان خرس

خرسی از حرص طمع بر لب رود / بهر ماهی گرفتن آمده بود
ناگه از آب ماهیی بر جست / برد حالی به صید ماهی دست
پایش از جای شد در آب افتاد / پوستین زان خطا در آب نهاد
ای بسا کس که حرص زد راهش / آب ناخورده ماند در چاهش
آب بهر حیات خود طلبید / لیک از آن جز هلاک خویش ندید
آب بس تیره بود و پهناور / خرس مسکین در آب شد مضطر
دست و پا زد بسی و سود نداشت / عاقبت خویش را به آب گذاشت
از بلا چون به حیله نتوان رست / باید آنجا ز حیله شستن دست
بر سر آب چرخ زن می رفت / دست شسته ز جان و تن می رفت
دو شناور ز دور بر لب آب / بهر کاری همی شده بشتاب
چشمشان ناگهان فتاد بر آن / از تحیّر شدند خیره در آن
کان چه چیز است مرده یا زنده است / پوستی از قماش آکنده است

Einer blieb an des Ufers Rand,
Der andere in das Wasser sprang.

Er schwamm, bis er an der Stelle kam an,
Der Bär brauchte einen ihn rettenden Mann.

Um den Schwimmer er seine Tatzen schlang,
So fest, dass dem das Schwimmen nicht mehr gelang.

In den Wellen wurde er dem Leben gram,
Mal nach oben, mal nach unten er kam.

Als vom Ufer der Gefährte sieht seine Lage,
Ruft er: "O Freund, hör was ich dir sage.

Wenn der Pelz schwer ist, so lass von ihm,
Überlass ihn den Wellen, die ihn umspieln."

"Vom Pelz", sagt er, "hab ich gelassen,
Meine Hände ihn nicht mehr umfassen.

Doch der Pelz lässt von mir die Hände nicht,
Mit seinen Krallen er mir den Rücken bricht."

Djami, 15. Jhrh.

آن یکی بر کناره منزل ساخت | وآن دگر خویش را در آب انداخت
آشنا کرد تا بدان برسید | خرس خود مخلصی همی طلبید
در شناور دو دست زد محکم | باز ماند از شنا شناور هم
اندران موج گشته از جان سیر | گاه بالا همی شد و گه زیر
یار چون دید حال او ز کنار | بانگ برداشت کای گرامی یار
گر گرانست پوست بگذارش | هم بدان موج آب بسپارش
گفت من پوست را گذاشته ام | دست از پوست باز داشته ام
پوست از من همی ندارد دست | بلکه پشتم به زور پنجه بشکست

جامی، قرن ۹ هجری

Madjnuns Liebesbrief

Es sah Madjnun [1] ein Wandersmann,
Allein in der Wüste traf er ihn an.

Mit den Fingern schrieb er in den Sand
Worte, wie mit einer Feder gewandt.

"O Madjnun", sprach er, "welch Wahnsinn ist dies,
Einen Brief zu schreiben, den keiner liest.

Hatte je eine Tafel aus Sand Bestand - seit wann,
Dass irgendeiner diese nach dir lesen kann?"

"Gutes", sagt er, "schreib ich über Leili,
Um zu lindern den Schmerz, den ich fühl um sie.

Im Geheimen schrieb ich erst ihren Namen,
Worte über Liebe und Treue, ganz wie sie kamen.

Ausser einem Namen ich nichts von ihr hab,
Durch ihn sie meinem Nichts Grösse gab.

Ohne je von ihrem Kelch getrunken zu haben,
Spiel ich mein Liebesspiel nur mit ihrem Namen."

Djami, 15. Jhrh.

1. Geliebter von Leili in einem Werke Nezamis.

حکایت مجنون که ...

دید مجنون را یکی صحرانورد
در میان بادیه بنشسته فرد

ساخته بر ریگ ز انگشتان قلم
می زند حرفی برای خود رقم

گفت ای مجنون شیدا چیست این
می نویسی نامه سوی کیست این

کی به لوح خاک باقی ماندش
تا کسی دیگر پس از تو خواندش

گفت شرح حسن لیلی می کنم
خاطر خود را تسلّی می کنم

می نویسم نامش اول در قفا
می نگارم نامهٔ عشق و وفا

نیست جز نامی از او در دست من
زان بلندی یافت قدر پست من

ناچشیده جُرعه ای از جام اُو
عشقبازی می کنم با نام اُو

جامی، قرن ۹ هجری

Liebe und Wirren

Hört, o Freunde, meine traurige Geschichte,
Hört, was ich über meinen heimlichen Kummer berichte.

Hört von den Wirrnissen in meinem Leben,
Hört mich meine Bestürzung in Worten wiedergeben.

Über dies peinigende Feuer schweigen bis wann,
Ich verbrenne, brenne! Mein Geheimnis wahren, bis wann?

Einst ich mit meinem Herz in einer Gasse zu wohnen kam,
Es war einer Schönen Gasse, die aber zänkisch war und ohne Scham.

Glaube und Verstand verspielt, in ein Gesicht vernarrt,
Angekettet an eine Lockenpracht ich ward.

Gefesselt an diese Kette war nur mein Herz und ich,
Keiner ihrer Geliebten war da, nur ich.

Die kokette Narzisse liess nicht so viele leiden,
Die Locken der Hyazinthe fesselten keinen.

Soviel Erfolg und Bewerber hatte sie keine,
Wohl ein Josef, doch Käufer fanden sich keine.

Ich war es, der sie als erster begehrte,
Ich war es, durch den sich ihr Erfolg vermehrte.

Meine Liebe hat sie schöner und lieblicher gemacht,
Meine Schmach hat ihrer Schönheit Ruhm gebracht.

Soviel hab ich überall von ihrer Lieblichkeit erzählt,
Dass das Gespräch der ganzen Stadt sich um sie dreht.

Zur Zeit hat sie viele vernarrte Liebende um sich,
Wer jedoch kümmert sich um einen Elenden wie mich!

داستان غم

دوستان شرح پریشانی من گوش کنید / داستان غم پنهانی من گوش کنید

قصهٔ بی سر و سامانی من گوش کنید / گفت و گوی من و حیرانی من گوش کنید

شرح این آتش جانسوز نگفتن تا کی؟ / سوختم سوختم این راز نهفتن تا کی؟

روزگاری من و دل ساکن کویی بودیم / ساکن کوی بُت عربده‌جویی بودیم

عقل و دین باخته، دیوانهٔ رویی بودیم / بستهٔ سلسلهٔ سلسله‌مویی بودیم

کس در آن سلسله غیر از من و دل، بند نبود / یک گرفتار از این جمله که هستند نبود

نرگس غمزه‌زنش این همه بیمار نداشت / سنبل پرشکنش هیچ گرفتار نداشت

این همه مشتری و گرمی بازار نداشت / یوسفی بود ولی، هیچ خریدار نداشت

اوّل آن کس که خریدار شدش من بودم / باعث گرمی بازار شدش من بودم

عشق من شد سبب خوبی و رعنایی او / داد رسوایی من شهرت زیبایی او

بس که دادم همه جا شرح دلارایی او / شهر پر گشت ز غوغای تماشایی او

این زمان عاشق سرگشته فراوان دارد / کی سر برگ من بی سر و سامان دارد

So ist's, und ich kann keinen besseren Ausweg finden,
Als mein Herz an eine andere Liebliche binden.

Meine Blicke werd ich vor andere Füsse legen,
Meine Küsse anderen Füssen geben.

So will ich's von nun ab, und so soll es sein,
So hab ich's beschlossen, und so wird es sein.

Für sie ist der alte und neue Gefährte gleich,
Mich und meinen Gegner würdigt sie gleich.

Das Gekrächz der Krähe, der Nachtigall Lied sind eins,
Des Bolbols Gesang und des Geiers Schrei sind eins.

Sie weiss nicht, dass die Werte aller verschieden sind,
Dass die Krähe krächzt, doch die Nachtigall singt.

Da dem so ist, werd ich meines Weges ziehn,
Einstweilen mich um eine andere Schöne bemühn.

Einer anderen Blume Nachtigall werd ich sein,
Der Singvogel eines anderen Blumenhain.

Wo ist die Blume, der ich meinen Bolbol-Gesang singe,
Der ich die schönste Wiese von Sprösslingen bringe?

Wahschi Bafghi, 16. Jhrh.

گل و مرغ اثر فرصت شیرازی؛ دوره‌ی قاجار، قرن چهاردهم هجری
Rosen und Nachtigallen, von Fursat Schirazi; Kadscharenzeit; zweite Hälfte des 19. Jahrhunderts

فرش تصویری کرمان، حدود ۱۳۰۷ هـ‌ق؛ حدود ۳۸۲×۲۵۵ سانتی‌متر

Teppich mit bildlichen Darstellungen; Kerman; circa 1890; ca. 382 × 255 cm

چاره این است و ندارم به از این رای دگر / که دهم جای دگر دل به دل آرای دگر

چشم خود فرش کنم زیر کف پای دگر / بر کف پای دگر بوسه زنم جای دگر

بعد از این رای من این است و همین خواهد بود / من بر این هستم و البته چنین خواهد بود

پیش او یار نو و یار کهن هر دو یکی است / حرمت مدّعی و حرمت من هر دو یکی است

قول زاغ و غزل مرغ چمن هر دو یکی است / نغمهٔ بلبل و غوغای زغن هر دو یکی است

این ندانسته که قدر همه یکسان نبود / زاغ را مرتبهٔ مرغ خوش الحان نبود

چون چنین است پی کار دگر باشم به / چند روزی پی دلدار دگر باشم به

عندلیب گل رخسار دگر باشم به / مرغ خوش نغمهٔ گلزار دگر باشم به

نوگلی کو که شوم بلبل دستان سازش / سازم از تازه جوانان چمن ممتازش

وحشی بافقی، قرن ۱۰ هجری

Ghasal

Trennst du dich von allem, was lieb ist dem Herzen dein,
So lässt du deine Last bei dir daheim.

Bist du von Stolz und Hochmut erfüllt,
Wird das Joch des Fluches dein Halsband sein.

So du dein Herz von diesen Vier-Wänden trennst,
Ist's als ob du das Tor[1] von Kheibar schlagest ein.

Schreite freudig an allem Irdischen vorbei,
Dann wirst du die Leuchte aller Kommenden sein.

Deine Schönheit ist von solcher Art,
Dass du in jedem Gewand schön wirst erschein'.

Die Sterne kannst du von rückwärts sehen,
So dein Herz lebendig ist durch der Liebe Schein.

Das Gewand der Menschlichkeit zerfällt an dir,
Solltest du wie Hund und Wolf eine Bestie sein.

Jede Pflanze wird dich preisen,
Solltest du die Quelle des Lebens sein.

Saeb Tabrisi, 17. Jhrh.

1. das Tor der Festung Kheibar - in der Nähe von Medina - wurde mit einem Faustschlag von Imam Ali eingeschlagen

غزل

اگر دل از علایق کنده باشی / به منزل بار خود افکنده باشی
گریبان تو طوق لعنت توست / اگر از کبر و عجب آکنده باشی
اگر دل برکنی زین چهار دیوار / در خیبر ز جا برکنده باشی
چنان گرم از بساط خاک بگذر / که شمع مردم آینده باشی
تو را داده‌ست زیبایی قماشی / که در هر جامه‌ای زیبنده باشی
فلک‌ها را توانی پشت سر دید / به نور عشق اگر دل زنده باشی
لباس آدمیت بر تو پنبه است / اگر چون گرگ و سگ درنده باشی
ثناگوی تو باشد هر گیاهی / اگر سرچشمهٔ زاینده باشی

صائب تبریزی، قرن ۱۱ هجری

Mystisches Ghasal

Lass ab von beiden Welten[1], den Himmel beschreiten du wirst,
Erheb dich über Welt und Glaube, dass du schön und anmutig wirst.

Vor dem Schweigen des Spiegels kommt der Papagei zu Wort,
Versiegele die Lippen; mit dem Herzen du sprechen wirst.

Der äussere Blick verdeckt wie Staub die innere Sicht,
Wirf Sand in die Augen; mit der Seele du sehen wirst.

Tauch in das Meer des Seins, dass du Perlen erwirbst,
Denn mit leerer Hand du nichts als Meeresschaum sein wirst.

Mit den Gierigen und Lüsternen trinkt man keinen Wein,
Sieh zu - o Saeb - dass du ein Schahid[2] der Enthaltsamkeit wirst.

Saeb Tabrisi, 17. Jhrh.

1 . die Welt, in der wir leben und die nach unserem Tod. / 2. Märtyrer.

غزل

پشت پا زن بر دو عالم تا فلک پیما شوی   از سر دنیا و دین برخیز تا رعنا شوی

طوطی از خاموشی آیینه می‌آید به حرف   مهر خاموشی به لب زن تا به دل گویا شوی

بینش ظاهر غبار دیدهٔ باطن بود   خاک زن در چشم ظاهر تا به جان بینا شوی

غور کن در بحر هستی تا گهر آری به دست   ورنه با دست تهی چون کف از این دریا شوی

با هوسناکان به یک پیمانه نتوان می کشید   سعی کن صائب شهید تیغ استغنا شوی

صائب تبریزی، قرن ۱۱ هجری

Das verruchte Leben

Das Alter kam, die Trunkenheit der Jugend ist vorbei,
Die Lebenskraft, den schweren Pokal zu heben, ist vorbei.

Diese Zeit ist nicht wert, nochmal gelebt zu werden,
Drum blickte keiner zurück, der an dieser Erde schritt vorbei.

Liebe durchzieht das Leben, ihre Tränen wirken nicht,
Die Karawane der Liebe zog hundertmal an mir vorbei.

Die Abgeschiedenheit des Phönix ist - laut unserer Lehre - unvollkommen,
Denn er hinterliess ja seinen Namen, obwohl ins Unbekannte er hier zog vorbei.

Das verruchte Leben dauerte nur zwei Tage lang,
Soll ich dir sagen - o Kalim - wie diese gingen vorbei?

Sein Herz an dieses und jenes bindend verging ein Tag,
Sein Herz von diesem und jenem lösend, ging der andere vorbei.

Mirsa Abutaleb Kalim Kaschani, 17. Jhrh.

بدنامی حیات

پیری رسید و مستی طبع جوان گذشت — تاب تن از تحمّل رطل گران گذشت

وضع زمانه قابل دیدن دوباره نیست — رو پس نکرد هر که ازین خاکدان گذشت

در راه عشق گریه متاع اثر نداشت — صد بار از کنار من این کاروان گذشت

در کیش ما تجرّد عنقا تمام نیست — در بند نام ماند اگر از نشان گذشت

بدنامی حیات دو روزی نبود بیش — آن هم کلیم با تو بگویم چسان گذشت

یک روز صرف بستن دل شد به آن و این — روز دگر به کندن دل زین و آن گذشت

کلیم کاشانی، قرن ۱۱ هجری

Die Klage

Was tut's, wenn dein Blick auf meinem bleichen Antlitz weilt,
So ein Blick von dir all meine Leiden heilt.

König bist du, das Land deine Seele; Mond bist du,
der Welt Seele gehört dir,
Wenn deine gütigen Blicke auf einem Armen ruhn,
sag was schadet's dir.

Ob Milde oder Härte, Grossmut oder Böses,
Mit Freude begrüsse ich, o mein Idol,
was immer mag kommen von dir.

Vom Kelch der Erbärmlichen trinkst du tulpenroten Wein,
Meinen Kelch zerbrichst du und färbst mit
Blut mein zerbrochenes Herz.

Deinen Pfeil zückst du, auf der Lauer sitzt du,
um zu treffen mein Herz,
Ich traure, weil ich fürchte, dass du verfehlst mein Herz.

Hatef Esfahani, 18. Jhrh.

گله

چه شود به چهرهٔ زرد من نظری برای خدا کنی
که اگر کنی همه درد من به یکی نظاره دوا کنی

تو شهی و کشور جان تو را تو مهی و جان جهان تو را
ز ره کرم چه زیان تو را که نظر به حال گدا کنی

ز تو گر تفقّد و گر ستم بود آن عنایت و این کرم
همه از تو خوش بود ای صنم چه جفا کنی چه وفا کنی

همه جا کشی می لاله‌گون ز ایاغ مدّعیان دون
شکنی پیالهٔ ما که خون به دل شکستهٔ ما کنی

تو کمان کشیده و در کمین که زنی به تیرم و من غمین
همه غمم بود از همین که خدا نکرده خطا کنی

هاتف اصفهانی، قرن ۱۲ هجری

Aus Hatefs Tardjiband [1]

In die Gasse des Weinhändlers trat ich gestern ein,
Die Flamme der Liebe liess mein Herz lodern und schrein.

Ein Gelage sah ich, prachtvoll, schön und fein,
Der Herr des Festes war der Händler vom Wein.

Auf dem Ehrenplatz sass der Alte, die Weintrinker um ihn,
Manche waren trunken, manchen schwand der Sinn.

Allen ward durch göttliche Gnade beschert,
Die Wahrheit zu erkennen, ein Ohr, das Geheimes hört.

Mit Anstand trat ich vor, sprach das Wort:
"O du, dessen Herz ist Gabriels[2] Hort.

Ich liebe, ich leide, in Not bin ich,
Sieh meine Leiden und heile mich."

Der Alte lächelte: "Nimm diesen Wein."
Ich nahm ihn, er sagte: "Du musst vorsichtig mit ihm sein."

Einen Schluck trank ich, wurde frei auf einmal
Von lästigen Gedanken und des Verstandes Qual.

Als ich zu mir kam, sah ich den EINEN,
Alles andere waren Striche, Malereien.

Da hörte ich aus himmlischen Sphären,
Wie Gabriel diese Hadiss[3] tat flüsternd erzählen:

"Nur Einer ist, nichts ist ausser IHM,
ER ist der Eine, keinen Gott gibt's ausser IHM."

Hatef Esfahani, 18. Jhrh.

1. obiges Gedicht ist ein Teil vom fünfteiligen Tardjiband des Dichters. Am Ende von jedem Teil wiederholt sich der Refrain:(arabisch) wahdahu lailaha ilallahu (ER ist der EINE, keinen Gott gibt's ausser IHM). / 2. der Bote Gottes. / 3. Legende.

از ترجیع بند هاتف

دوش رفتم به کوی باده فروش — ز آتش عشق دل به جوش و خروش
محفلی نغز دیدم و روشن — میر آن بزم پیر باده فروش
پیر در صدر و می‌کشان گردش — پاره‌ای مست و پاره‌ای مدهوش
همه را از عنایت ازلی — چشم حق‌بین و گوش رازنیوش
به ادب پیش رفتم و گفتم — ای تو را دل قرارگاه سروش
عاشقم دردمند و حاجتمند — درد من بنگر و به درمان کوش
گفت خندان که هین پیاله بگیر — ستدم گفت هان زیاده منوش
جرعه‌ای درکشیدم و گشتم — فارغ از رنج عقل و زحمت هوش
چون به هوش آمدم یکی دیدم — مابقی را همه خطوط و نقوش
ناگهان از صوامع ملکوت — این حدیثم سروش گفت به گوش
که یکی هست و هیچ نیست جز او — وحده لا اِلهَ اِلّا هو

هاتف اصفهانی، قرن ۱۲ هجری

Das Gelübde

Verschütt nicht den Wein, den du mir reichst, gib acht,
O Schenke, ich bin trunken, du aber bleib wach.

Wenn die Freunde der Paradiesquelle mir liessen
Diesen Kelch, würde ich mit allen Frieden schliessen.

Um meinen Kelch vom Stein des Unfalls zu bewahren,
Opferte ich mein Gelübde[1] , statt zu opfern den Armen[2].

Wenn ich vor deiner Schönheit knie,
ohne Scheu mein Gesicht zu dir erhebe,
Wird alle Welt gewahr, dass ich die Sonne anbete.

Ein einziges Haar, mit dem meine Liebste meinen Hals umschlang,
Zog sie so fest zu, dass die Kette von hundert Lieben[3] zersprang.

Weder gab der Schenke[4] mir Wein,
noch hat der Scheikh meine Reue angenommen,
Weil ich so oft bereute und immer wieder meinen Eid hab
gebrochen.

Die Tränen, die mir um mein Idol aus den Augen fliessen,
Mich zwischen zwei Bächen von Herzensblut sitzen liessen.

Das Paradies deiner Schönheit wurde
Jaghma an jenem Tag verboten,
An dem er sein Herz an dich, wie an ein Korn[5],
das Adam verführte, verloren.

Jaghma Djandaghi, 19. Jhrh.

1. das Gelübde, keinen Wein mehr zu trinken / 2. will der Mensch sich vor Unheil bewahren, muss er eine Opfergabe spenden. / 3. gemeint sind die diversen Lieben, wie die Liebe zur Kunst, der Natur, den Eltern, die der Mann, ausser der Liebe zur Geliebten, hat 4. gemeint ist der Parsenpriester, der - als er merkte, dass Jaghma ein Moslem ist - ihm keinen Wein mehr gab / 5. im Islam hat Adam im Paradies vom verbotenen Korn gegessen

توبه‌شکن

نگاه کن که نریزد، دهی چو باده بدستم
فدای چشم تو ساقی، بهوش باش که مستم!

کنم مصالحه یکسر به صالحان می کوثر
به شرط آنکه نگیرند این پیاله ز دستم

ز سنگ حادثه تا ساغرم درست بماند
به وجه خیر و تصدّق هزار توبه شکستم

چنین که سجده برم بی‌حفاظ پیش جمالت
به عالمی شده روشن که آفتاب پرستم

کمند زلف بتی گردنم ببست به مویی
چنان کشید که زنجیر صد علاقه گسستم

نه شیخ می‌دهدم توبه و نه پیر مغان می
ز بس که توبه نمودم ز بس که توبه شکستم

ز گریه آخرم این شد نتیجه در پی زلفش
که در میان دو دریای خون فتاده نشستم

حرام گشت به یغما بهشت روی تو روزی
که دل به گندم آدم فریب خال تو بستم

یغمای جندقی، قرن ۱۳ هجری

Auch das geht vorbei

Ein Schah besass einen kostbaren Stein,
Für einen Ring sollte dieser sein.

Auf dem Stein er eine Zeichnung haben wollte,
Die auf einen Blick, zwei Sinne ergeben sollte.

Freude durfte ihn nicht übermütig machen,
Trauer ihm keinen Schmerz verursachen.

Keiner der Weisen, die es gab zu jener Zeit,
Hatten taugliche Ideen für ihn bereit.

Da eilte ein Mann in Lumpen herbei,
"Schreib", sprach er, "Auch das geht vorbei."

Dem Schah diese Worte sehr gefielen,
Auf den Stein liess er sie eingravieren.

Dass Freude und Lust, Sorge und Gram
Vorbeigehen für die Kinder von Adam.

Hadji Mollah Hadi Sabsewari[1], 19. Jhrh.

1. der letzte grosse persische Philosoph und Theologe.

این نیز بگذرد

پادشاهی دُرّ ثمینی داشت | بهر انگشتری نگینی داشت
خواست نقشی که باشدش دو ثمر | هر نفس کافکند به نقش نظر
گاهِ شادی نگیردش غفلت | گاهِ اندُه نباشدش محنت
هر چه فرزانه بود در ایّام | کرد اندیشه‌ای ولی همه خام
ژنده‌پوشی پدید شد آن دم | گفت بنگار بگذرد این هم
شاه را این سخن فتاد پسند | بر نگینش همین عبارت کند
زانکه شادی و عیش و محنت و غم | بگذرد هر دو بر بنی آدم

حاجی ملّا هادی سبزواری، قرن ۱۳ هجری

عجز و نیاز

چه خلاف سر زد از ما که در سرای بستی   بر دشمنان نشستی دل دوستان شکستی

کسی از خرابه دل نگرفته باج هرگز   تو بر آن خراج بستی و به سروری نشستی

به کمال عجز گفتم که به لب رسید جانم   ز غرور و ناز گفتی که مگر هنوز هستی؟

فروغی بسطامی، قرن ۱۳ هجری

Die spöttische Geliebte

Was tat ich, dass du die Tür vor mir schliesst,
Mit meinen Feinden sitzt, das Herz mir brichst.

Keiner hat je eines Herzens Ruine mit Steuern bedacht,
Für meine forderst du Tribut, freust dich deiner Macht.

Verzweifelt sag ich: “Meinem Ende bin ich nah.”
Du jedoch schäkerst spottend: “Was, du bist noch da!”

Foroughi Bastami, 19. Jhrh.

قاب کاشی لاجوردی بزرگ، ایران، قرن هشتم هجری
Eine große azurblaue Fliesenplatte; 14. Jahrhundert

قاب کاشی هفت رنگ؛ دوره‌ی قاجار، قرن چهاردهم هجری

Haft-Rang Fliesenplatte; Kadscharenzeit; Ende des 19. Jahrhunderts

چه خوش است

چه خوش است پیش زلفت سر شکوه باز کردن　　گله های روز هجران به شب دراز کردن

همه روز در خیالم که شب دگر بیاید　　تو و نازها که داری من و آن نیاز کردن

سر کوی دلبر من به حریم کعبه ماند　　که به هر طرف کنی رو بتوان نماز کردن

فروغی بسطامی، قرن ۱۳ هجری

Liebe und Wonne

Welch Wonne, sich bei dir, meine Geliebte, zu beklagen,
Die Leiden der Trennung in langer, dunkler Nacht[1] auszutragen.

Eine weitere Nacht erhoff ich jeden Tag in Gedanken,
In der du Verführung bist und ich ganz Verlangen.

Meine Kaabe[2] ist die Gasse, in der meine Liebe lebt,
In jede Richtung, in die ich geh, kann ich sagen mein Gebet.

Foroughi Bastami, 19. Jhrh.

1. der Dichter vergleicht die 'lange, dunkle Nacht' mit den 'langen, dunklen Haaren' der Geliebten. / 2. der Mohammedaner muss beim Gebet in Richtung der heiligen Kaabe in Mekka stehen.Befindet er sich jedoch im Raume der Kaabe, ist jede Richtung richtig.

Der Trunkene und der Besonnene

Einen Trunkenen sah der Mohtaseb[1], beim Kragen nahm er ihn;
"Mein Hemd ist das, kein Zügel," sagt der Trunkene zu ihm.

"Trunken bist du," sagt der, "darum taumelst du hin und her."
"Nicht mein Gang ist schuld daran, der Weg ist nicht eben sehr."

"Zum Haus des Richters muss ich dich bringen," der Mohtaseb spricht,
"Geh, komm morgen! Der Richter wacht um Mitternacht nicht."

"Lass uns zum Statthalter gehen, ganz nah sein Haus ist."
"Und wenn der nun grade selbst im Weinhaus sitzt?"

"Schlaf in der Mosche, damit ich den Hauptmann rufen kann."
"In der Mosche kann nur schlafen ein rechtschaffener Mann."

"Gib mir heimlich einen Dinar, dann lass ich dich laufen,"
"Die Gesetze Gottes sind nicht zu verkaufen."

"Zur Strafe werd ich dir deine Kleidung nehmen."
"Die ist ganz zerschlissen, besteht nur aus Fäden."

"Dein Hut ist fort, merkst du es nicht"
"Verstand braucht der Kopf, der Hut macht es nicht."

"Die Trunkenen muss strafen ein besonnener Mann."
"Bring mir einen Besonnenen, da ich hier keinen sehen kann."

Parvin Etesami, 20. Jhrh.

1. Gendarm

مست و هشیار

محتسب مستی به ره دید و گریبانش گرفت
مست گفت ای دوست این پیراهن است افسار نیست

گفت مستی زان سبب افتان و خیزان می‌روی
گفت جرم راه رفتن نیست ره هموار نیست

گفت می باید تو را تا خانهٔ قاضی برم
گفت رو صبح آی قاضی نیمه شب بیدار نیست

گفت نزدیک است والی را سرای آنجا شویم
گفت والی از کجا در خانهٔ خمار نیست

گفت تا داروغه را گوییم در مسجد بخواب
گفت مسجد خوابگاه مردم بدکار نیست

گفت دیناری بده پنهان و خود را وارهان
گفت کار شرع کار درهم و دینار نیست

گفت از بهر غرامت جامه‌ات بیرون کنم
گفت پوسیده است جز نقشی ز پود و تار نیست

گفت آگه نیستی کز سر در افتادت کلاه
گفت در سر عقل باید بی‌کلاهی عار نیست

گفت باید حد زند هشیار مردم مست را
گفت هشیاری بیار اینجا کسی هشیار نیست

پروین اعتصامی، قرن ۱۴ هجری

Die Klage der Alten

Noch immer ergreift mich Schrecken und Verdruss,
Wenn ich an die Lage der Alten denken muss.

Gestohlen hatte ihr Haus und Hof der Tyrann,
Darum lief sie überdrüssig der Welt dahin und sagte dann:

"Aus Stein und Ziegel besteht in deinen Augen ein Haus wie dies,
Für mich jedoch ist's das Schloss und der Garten vom Paradies.

Was ist dir eine Handvoll Geld schon wert?
Für mich jedoch ist's die Liebe zu Heim und Herd.

Hunderttausend - trägt jeder Ziegel für mich -
Erinnerungen an meines Vaters Zeiten in sich.

Wie kann ich meine Blicke verschliessen vor all dem,
Wenn in jeder Ecke die Liebe meiner Mutter ist zu sehn.

Wie könnte ich das Haus verlassen, ich elendes Weib,
In dem mein Vater einging in die Ewigkeit?

In diesem Haus Freud und Musik ich hab,
Wie find ich von einem anderen Haus ins Grab?"

Dehkhoda, 19./ 20. Jhrh.

شکوه زال

هنوزم بگردد از این هول حال — که یاد آیدم حال آن پیرزال

که می‌رفت و می‌گفت سیر از جهان — ربوده ز کف ظالمش خان و مان

به چشم تو این خانه سنگ است و خشت — مرا قصر فردوس و باغ بهشت

چه ارزد به پیش تو یک مشت سیم — مرا خویش و پیوند و یار و ندیم

به هر خشت از آن باشدم صد هزار — به دل از زمان پدر یادگار

نبینم که اندر نظر ناورم — به هر گوشه صد رأفت مادرم

کشم رخت از آن چون من تیره‌بخت — که بابم در این خانه بگذاشت رخت

درین خانه‌ام بود ساز و سرور — ز دیگر سرا چون کنم ساز گور

دهخدا، قرن ۱۳ و ۱۴ هجری

درس ماکیان

هنوزم ز خردی به خاطر درست   که در لانهٔ ماکیان برده دست
به منقارم آنسان به سختی گزید   که اشکم چو خون از رگ آندم جهید
پدر خنده از گریه‌ام زد که هان   وطنداری آموز از ماکیان

دهخدا، قرن ۱۳ و ۱۴ هجری

Die Lehre des Huhnes

Aus meiner Kindheit fällt mir grad ein,
Wie ich in den Hühnerstall fasse hinein.

Ein Huhn so fest nach meiner Hand hacken tut,
Dass mir Tränen rinnen wie aus der Ader Blut.

Über meine Tränen lachend, sagte mein Vater: "Nun,
Die Liebe zur Heimat kannst du lernen vom Huhn."

Dehkhoda, 19./ 20. Jhrh.

Der Fortschritt

Zwischen deinen Augen und Brauen ein Geplänkel besteht,
Ich komm dabei um, möchte wissen, was da vor sich geht.

Treulos bist du, den Tod hab ich im Nacken und muss leiden,
Aus Kummer sterbe ich, wie wäre das zu vermeiden.

Aus dem Kreis der Liebenden hättest du mich nicht gejagt,
So ich für dich je einen Wert hätte gehabt.

Im Licht deiner Schönheit haben deine diebischen Flechten sogar
Mein Herz gestohlen; was für ein Diebstahl das war.

Ein Feuer entfachte der Fortschritt in der Welt, es verbrannten
Treue und Liebe und alles, was wir an alten Werten kannten.

Vernichten würde ich diesen Fortschritt - hätte ich die Macht -
und dieses Rad der Geschichte zum Stehen gebracht.

Bahar, 19./ 20. Jhrh.

آتش تمدن

میان ابرو و چشم تو گیرودار بود
من این میانه شدم کشته این چه کاری بود

تو بی‌وفا و اجل در قفا و من بیمار
بمردم از غم و جز این چه انتظاری بود

مرا ز حلقهٔ عشّاق خود نمی‌راندی
اگر به نزد تو ام قدر و اعتباری بود

در آفتاب جمال تو زلف شب‌گردت
دلم ربود و عجب دزد آشکاری بود

تمدن آتشی افروخت در جهان که بسوخت
ز عهد مهر و وفا هر چه یادگاری بود

بنای این مدنیّت به باد می‌دادم
اگر به دست من از چرخ اختیاری بود

ملک‌الشعرای بهار، قرن ۱۳ و ۱۴ هجری

Serenade

O Nacht voller Schrecken, Angst und Pein,
Bis wann willst du auf mich dein Feuer spein?

Reiss aus den Höhlen mir meine Augen,
Oder weg mit dem Schleier, dass ich dich kann schauen.

Lass mich in Ruh oder lass mich sterben,
Denn satt bin ich es zu betrachten dieses Leben.

In diesen erbärmlichen Zeiten seit langem
Aus meinen Augen immer nur Tränen rannen.

Ein Leben in Zwietracht und Leid verging,
Lass sehen, was der Rest des Lebens mir bringt.

Weder hat das Schicksal sich zum Guten gewendet,
Noch hast du, o Nacht, meine Qual beendet.

Dort, wo die Blüten von den Ästen rieseln,
Dort, wo die Wellen die Ufer umfliessen,

Dort, wo der Wind an der Tür rüttelt,
Der Mond seinen matten Schein auf sie schüttet.

Weisst du, o lange dunkle Nacht,
Was dort heimlich im Verborgenen gewacht?

Es war ein Herz, das blutet und schmerzt,
Es war ein Antlitz von Leid ganz verzerrt.

Es waren Gedanken, die sich in Hoffnung ergingen,
Es waren Arme, die die Geliebte umfingen.

Wo sind all die Schreie und die Tränen,
Wo sind die Liebenden, die sich quälen?

Was ist im Schatten der Bäume dort
Verborgen vor der Welt an jenem Ort?

منظومهٔ شب

هان ای شب شوم وحشت انگیز　　تا چند زنی به جانم آتش
یا چشم مرا ز جای برکن　　یا پرده ز روی خود فروکش
یا باز گذار تا بمیرم　　کز دیدن روزگار سیرم
دیری است که در زمانهٔ دون　　از دیده همیشه اشکبارم
عمری به کدورت و الم رفت　　تا باقی عمر چون سپارم
نه بخت بد مراست سامان　　وای شب، نه تو راست هیچ پایان
آنجا که ز شاخ گل فرو ریخت　　آنجا که بکوفت باد بر در
وآنجا که بریخت آب مواج　　تابید بر او ماه منوّر
ای تیره شب دراز دانی　　کانجا چه نهفته بد نهانی
بوده است دلی ز درد خونین　　بوده است رخی ز غم مکدّر
بوده است بسی سر پر امید　　یاری که گرفته یار در بر
کو آن همه بانگ و نالهٔ زار　　کو نالهٔ عاشقان غمخوار
در سایهٔ آن درخت‌ها چیست　　کز دیدهٔ عالمی نهان است

Ist des Menschen Schwäche der Grund zu diesem Leid,
Oder ist es nur der Welt Wirklichkeit?

Mein Weg durch dich hat mich zermürbt,
Was ist der Sinn, der sich in deinem Antlitz verbirgt.

Überlass du mich meinem eigenen Schmerz,
Meiner leidenden Seele, meinem schmerzenden Herz.

Nima Youschidj, 20. Jhrh.

عجز بشر است این فجایع | یا آنچه حقیقت جهان است
در سیر تو طاقتم بفرسود | زین منظره چیست عاقبت سود
بگذار مرا به حالت خویش | با جان فسرده و دل ریش

نیما یوشیج، قرن ۱۴ هجری

Wer immer...

Wer immer ein Herz in der Brust hat, gibt es seiner Geliebten,
Nur mein verdammtes Herz ist immer noch bei mir geblieben.

Wie die Kerze im Geheimen brennt meine Liebe zu dir,
Wie Wein im Krug bleibt meine Leidenschaft geborgen in mir.

Obwohl mein Heute der Spiegel meines Morgen ist,
Mein närrisches Herz immer noch hoffend beim Morgen ist.

Meine Lippen sind geschlossen, mein Atem kommt scheu, nur meine Augen
Vor deinen beredten Blicken sich immer noch zu sprechen getrauen.

Durch die Trennung von dir gewohnt an Liebesschmerz,
Wartet auf dich immer noch geduldig mein leidendes Herz.

Abulhassan Warsi, 20. Jhrh.

هر که ...

هر که در سینه دلی داشت به دلداری داد — دل نفرین شدهٔ ماست که تنهاست هنوز

در دلم عشق تو چون شمع به خلوتگه راز — در سرم شور تو چون باده به میناست هنوز

گر چه امروزِ من آیینهٔ فردای من است — دل دیوانه در اندیشهٔ فرداست هنوز

لب فرو بسته‌ام از شرم و زبان نگهم — پیش چشمان سخنگوی تو گویاست هنوز

در د پرورده عشق است و بلا دیده غم — دل که با این همه درد تو شکیباست هنوز

ابوالحسن ورزی، قرن ۱۴ هجری

سوختم

سوختم از آتش دل در میان موج اشک — شوربختی بین که در آغوش دریا سوختم
سوختم امّا نه چون شمع طرب در بین جمع — لاله‌ام کز داغ تنهایی به صحرا سوختم

رهی معیری، قرن ۱۴ هجری

Vom Feuer meines Herzens

Vom Feuer meines Herzens verbrannte ich in einer Flut von Tränen,
Mein trauriges Los war, dass ich in der Umarmung des Meeres verbrannte.

Ich verbrannte, aber nicht fröhlich wie das Licht im Kreis der Gefährten,
Wie eine Tulpe bin ich, die einsam auf dem Feld verbrannte.

Rahi Moayeri, 20. Jhrh.

بانو با طوطی، نقاشی پشت شیشه؛ قرن سیزدهم هجری

Die Dame mit einer Papagei, Hinterglasmalerei; Anfang des 19. Jahrhunderts

جلد کتاب، قرن دوازدهم-سیزدهم هجری؛ ۳۳×۴۷.۵ سانتی‌متر
Buchbinden; Ende des 18. - Anfang des 19. Jahrhunderts; 33×47,5 cm

Spiegel im Spiegel

Freude, o Freude, gefallen hab ich ihr,
Ich wurde zu ihrem Schatten, zur Sonne flog sie mit mir.

Ich bin die Seel von Aug und Herz, ich bin lachendes Schluchzen,
Der Auserwählte, das bin ich, gefallen hab ich ihr.

Ich bin die Kaabe[1], ich bin die Gheble[2], bringt eure Gebete zu mir,
Es küsste mich meine Liebste, als sie sich beugte zu mir.

Die Freude, sie zu sehen, leuchtet in meinen Augen,
Spiegel im Spiegel; sie sieht mich, mein Blick ist in ihr.

Der Spiegel wird zur Sonne vor ihrem leuchtenden Gesicht,
Hab die Kraft zu sehen, sieh, der Spiegel leuchtet in mir.

Sieh den seltenen Juwel leuchten auf dem Scheitel der Welt,
Ein Schätzer kam und schätzte was immer ist in mir.

Das Licht wie eine Fontäne strahlt, küsst das muntere Pferd[3],
Sieh den Neid von Salomon[4] und Djamschids[5] Gaben in mir.

Des Morgens, wenn vom Schloss der Güte ich hinunterseh,
Schallt das Lak - Alhamd[6] von Mond und Stern zu mir.

Wie die Locken ihrer Stirn, kann ich von ihr nicht lassen,
Mögen hundert Morgen kommen, aus dieser Nacht voll Hoffnung mir.

Mein unbekleidetes Licht, meine Seele, die den Körper flieht,
So ich nicht zu meinem Schatten werd, begegnet ihr nie wieder mir.

H.E. Sayeh, 20. Jhrh.

1.heiliger Wallfahrtsort der Mohammedaner. / 2. die Richtung, in der der Mohammedaner beim Gebet stehen muss. / 3. der Dichter nimmt das Pferd als Symbol aller edlen Werte, u.identiftziert sich mit ihm. / 4. Salomon verstand die Sprache der Tiere. / 5. König aus der Mythologie, der einen gläsernen Pokal hatte, in dem er die ganze Welt sah. / 6. Preis sei Gott (erstes Wort aus der ersten Sureh des Korans)

آینه در آینه

مژده بده مژده بده یار پسندید مرا
سایهٔ او گشتم و او برد به خورشید مرا

جان دل و دیده منم گریهٔ خندیده منم
یار پسندیده منم یار پسندید مرا

کعبه منم قبله منم سوی من آرید نماز
کان صنم قبله‌نما خم شد و بوسید مرا

پرتو دیدار خوشش تافته در دیدهٔ من
آینه در آینه شد دیدمش و دید مرا

آینه خورشید شود پیش رخ روشن او
تاب نظر خواه و ببین کاینه تابید مرا

گوهر گم بوده نگر تافته بر فرق فلک
گوهری خوب نظر آمد و سنجید مرا

نور چو فواره زند بوسه بر این باره زند
رشک سلیمان نگر و غیرت جمشید مرا

هر سحر از کاخ کرم چون که فرو می‌نگرم
بانگ لک الحمد رسد از مه و ناهید مرا

چون سر زلفش نکشم سر ز هوای رخ او
باش که صد صبح دمد زین شب امید مرا

پرتو بی‌پیرهنم جان رها کرده تنم
تا نشوم سایهٔ خود باز نبینید مرا

ه.ا.سایه، معاصر

Gedanken

Ich dachte, dass dies vor Leid müde Herz
Kein Leben, keine Bewegung mehr hat.
Ich dachte, dass der Jugend Bote
Keine Kraft zu lieben und leben mehr hat.

Ich dachte, das Vergangene sei ein Traum,
Und das Kommende ein fruchtloser Baum,
Und die Lieben, die den Falter verbrannten,
Asche seien von verbrannten Gedanken.

Ich dachte, dass die leichtfertige Welt
Ein bewegter Markt für alles Schändliche sei,
Und Tag und Nacht, das Leben genannt,
Eine Kette von Unglück und Enttäuschungen sei.

پندار

پنداشتم که این دل غم فرسود
مرده ست و دیگرش تب و تابی نیست .
پنداشتم که پیک جوانی را
دیگر توانِ شور و شتابی نیست .
پنداشتم گذشته سرابی بود
وآینده نیز شاخهٔ بی بارست .
وان عشق ها که شهپر جان می سوخت
خاکستری ز خرمن پندارست .
پنداشتم جهانِ سبک رفتار
بازارِ گرم هرزگی و خامیست .
وین روز و شب که زندگیش خوانند
زنجیر نامرادی و ناکامیست .

Ich dachte, dass das Hoch und Tief der Hoffnung
Seit langem meine Brust nicht mehr bewegt,
Und der Strauch der Rosen, lieblich, erfreuend
Verdorrt und sich in Trübsal ergeht.

Ich dachte, dass das Herz vor Sehnsucht verbrennend,
Aus der Liebesqual keinen Ausweg mehr sieht,
Und die quälende Sehnsucht, die Ruhe verdrängend,
Mir meine Kraft nicht wiedergibt.

O Jammer! Was immer aus blutigem Herzen spriesst,
Ein Zweig von Trug und Täuschung ist,
Und jener Hafen von Hoffnung, den ich wiedersah,
Ein Strudel der Liebe und des weiten Meeres war.

Dein Auge, o du, des Schicksals Stern,
Warf eine Flamme über all mein Denken
Und aus dem Schlaf der Kälte und der Qual
Wurd ich gerissen und verbrannte noch einmal.

Fereydoun Tavallali, 20. Jhrh.

پنداشتم که زیر و بم امید

دیریست تا به سینهٔ من مُرده ست

وان دلفروز گُلبنِ شادی بخش

پژمرده شاخسارش و افسرده ست .

پنداشتم دلی که به حسرت سوخت

بر رنج عشق ، ره نگشاید باز .

وان آرزوی تشنهٔ رامش سوز

تا بم به چیرگی نرباید باز .

دردا که هر چه بر دل خونین رُست

شاخ فریب و خوشهٔ رؤیا بود .

وان ساحل مراد ، چو دیدم باز

گرداب عشق و پهنهٔ دریا بود .

چشم تو ای ستارهٔ بخت آویز

زد شعله بر سراسر پندارم

وز خواب سرد مهری و بیزاری

بیدار کرد و سوخت دگر بارم .

فریدون توللی، قرن ۱۴ هجری

Gottes Blicke

Gottes Blicke lächeln auf uns nieder,
Obwohl zum Ufer SEINER Güte wir nie gelangen.
Denn wie die sündigen Kuttenträger,
Haben wir nie fern von SEINEN Blicken dem Wein angehangen.

Eine Stirn gebrandmarkt von Sünde ist reiner,
Als die des Heuchlers vom Gebetstein[1] geprägt.
Nie Gottes Namen zu nennen ist hehrer,
Als heuchlerisch zu rufen: "O Gott, o Gott."

Soll ich trauern, weil der Sheikh eines Abends
Lachend, in einer Runde, mir den Himmel verbot.
ER wird ihn mir öffnen, in SEINER Güte und Liebe,
ER, der die Trauer in mein Wesen wob.

1. Der Mohammedaner berührt beim Gebet mit der Stirn den Gebetstein, der durch vieles Beten auf dieser Spuren hinterlässt.

پاسخ

بر روی ما نگاه خدا خنده می زند

هر چند ره به ساحل لطفش نبرده‌ایم

زیرا چو زاهدان سیه کار خرقه پوش

پنهان ز دیدگان خدا می نخورده‌ایم

پیشانی ار ز داغ گناهی سیه شود

بهتر ز داغ مهر نماز از سر ریا

نام خدا نبردن از آن به که زیر لب

بهر فریب خلق بگویی خدا خدا

ما را چه غم که شیخ شبی در میان جمع

بر رویمان ببست به شادی در بهشت

او می گشاید او که به لطف و صفای خویش

گویی که خاک طینت ما را ز غم سرشت

Der Sturm von Tadel hat das Lächeln nicht von meinen Lippen gefegt,
Ein Fels bin ich, der allein im Meere steht.
Weil die Brust der Wahrheit Edelstein in sich trägt,
Begegne ich einsam dem Sturm, der mich umweht.

Ich bin's, die den Tadel der Frömmler hört,
Ich bin's, die das Gewand der Frömmler zerstört,
Denn unter diesem Gewand kann ich nichts erkennen,
Als die Heuchelei und Lüge derer, die sich Gottes Wegweiser nennen.

Wenn das Feuer, das in meinem Herzen brennt,
Den Schoss des Sheikhs hätte versengt,
Hätte er mich, die vor Liebe verbrannt,
Nie eine ehrlose Sünderin genannt.

Lass die Menschen flüsternd einander berichten,
Über meine Liebe spöttische Geschichten,
Im Buch der Ewigkeit geschrieben steht:
"Ewig lebt ein Herz, das die Liebe belebt[2]."

Forugh Farokhzad , 20. Jhrh.

2. die beiden letzten Zeilen sind von Hafiz

طوفان طعنه خندهٔ ما را ز لب نشُست
کوهیم و در میانهٔ دریا نشسته‌ایم
چون سینه جای گوهر یکتای راستیست
زین رو به موج حادثه تنها نشسته‌ایم
ماییم... ما که طعنهٔ زاهد شنیده‌ایم
ماییم... ما که جامهٔ تقوا دریده‌ایم
زیرا درون جامه بجز پیکر فریب
زین هادیان راه حقیقت ندیده‌ایم
آن آتشی که در دل ما شعله می‌کشید
گر در میان دامن شیخ اوفتاده بود
دیگر به ما که سوخته‌ایم از شرار عشق
نام گناهکارهٔ رُسوا نداده بود
بگذار تا به طعنه بگویند مردمان
در گوش هم حکایت عشق مُدام ما
«هرگز نمیرد آنکه دلش زنده شد به عشق»
«ثبت است در جریدهٔ عالم دوام ما»

فروغ فرخزاد، قرن ۱۴ هجری

Auf einem hohen Berg

Auf einem hohen Berg weht der Morgenwind,
Berichtet vom Sturm, der bald beginnt.
Der Baum, das Grün zittern und zu Boden
Fällt die Tulpe; der Vogel singt nicht mehr.

Auf einem hohen Berg ein müdes Reh,
Hand und Fuss gebrochen, sitzt da voller Weh.
Hand und Fuss sind gebrochen, sie schmerzen, jedoch
Nicht wie des Herzens Schmerzen, das zerbrach vor Weh.

Auf einem hohen Berg springt er und hinkt,
Das Blut aus offener Wunde ihm rinnt,
Doch der alte stolze Panther sagt nicht,
Ob er flüchtet oder der Sieg ihm winkt.

سر کوه بلند...

سر کوه های بلند نی می زنم من ...

سر کوه بلند آمد سحر باد
ز توفانی که می آمد خبر داد
درخت و سبزه لرزیدند و لاله
به خاک افتاد و مرغ از چهچه افتاد

سر کوه بلند آهوی خسته
شکسته دست و پا، غمگین نشسته
شکست دست و پا درد است، امّا
نه چون درد دلش کز غم شکسته

سر کوه بلند افتان و خیزان
چکان خونش از دهان زخم و ریزان
همی گوید پلنگ پیر مغرور
که پیروز آید از ره یا گریزان

Auf einem hohen Berg Wolken und Mondschein
Lassen Pflanzen und Blumen wachen oder schlafen.
Ob sie wach sind oder schlafen, sie sagen:
"Hör, der Wolken Schatten ist das ganze Sein!"

Auf einem hohen Berg meine Liebste kam,
Frühling war und die Welt grünte und blühte.
In dem Moment als ich ihre Lippen küsste,
Die Tulpe mit dem Wind zu tanzen begann.

Akhawan Sales, 20. Jhrh.

سر کوه بلند از ابر و مهتاب
گیاه و گل گهی بیدار و گه خواب
اگر خوابند اگر بیدار، گویند
که هستی سایهٔ ابرست، دریاب
سر کوه بلند آمد حبیبم
بهاران بود و دنیا سبز و خرّم
در آن لحظه که بوسیدم لبش را
نسیم و لاله رقصیدند با هم

اخوان ثالث، قرن ۱۴ هجری

Die Gasse

Ohne dich ging ich im Mondschein wieder die Gasse entlang,
Mein ganzes Sein wurde zum Auge, das nach dir verlangt.
Die Freude dich zu sehen schäumte in mir über,
Zum liebenden Narren wurde ich wieder.

Tief in meiner Seele blüht der Gedanke an dich,
Der Garten voller Erinnerungen lacht, erinnert sich.
Der Duft vieler Erinnerungen greift um sich.

Ich denke an jene Nacht, als wir durch die Gasse gingen,
In ersehnter Einsamkeit wir unsere Flügel schwingen,
Um am Ufer des Baches eine Weile zu verbringen.

Du, das Geheimnis der ganzen Welt in deinen schwarzen Augen,
Ich, gebannt, nur dich anschauend.

کتاب ادعیه، احتمالاً اصفهان، ۱۱۳۱ هـ‌ق؛ جوهر، آبرنگ مات، و طلا روی کاغذ، جلد لاکی

Buch von Gebeten; wahrscheinlich Esfahan; 1719 n.Chr.

فرش طرح‌دار دوره‌ی صفویه، نیمه‌ی نخست قرن دهم هجری، ۴۹۷.۸×۳۴۰.۴ سانتی‌متر

Teppich mit einem Fach-Design; Safawidenzeit, 16. Jahrhundert; 497,8 × 340,4 cm

کوچه

بی تو، مهتاب‌شبی، باز از آن کوچه گذشتم،
همه تن چشم شدم، خیره به دنبال تو گشتم،
شوق دیدار تو لبریز شد از جام وجودم،
شدم آن عاشق دیوانه که بودم.
در نهانخانهٔ جانم، گل یاد تو، درخشید
باغ صد خاطره خندید،
عطر صد خاطره پیچید:
یادم آمد که شبی باهم از آن کوچه گذشتیم
پر گشودیم و در آن خلوت دلخواسته گشتیم
ساعتی بر لب آن جوی نشستیم.
تو، همه راز جهان ریخته در چشم سیاهت.
من همه، محو تماشای نگاهت.

Der Himmel ist klar, still die Nacht,
Die Zeit ist heiter, das Schicksal lacht,
Der Mond taucht wie eine Garbe ins Wasser hinein,
Die Zweige strecken sich aus im Mondesschein,
Die Nacht, das Feld, Blume und Stein,
Stimmen gemeinsam in das nächtliche Lied ein.

Du sagtest zu mir, so erinnere ich mich;
Vor dieser Liebe hüte dich,
In dieses Wasser schau eine Weil,
Wasser, der Liebe Spiegel, fliesst vorbei.
Du, der sich heute um einen Blick grämt,
Bleib, morgen dein Herz sich mit anderen ergeht.
Um zu vergessen verlass diese Stadt eine Weil.

آسمان صاف و شب آرام

بخت خندان و زمان رام

خوشهٔ ماه فرو ریخته در آب

شاخه‌ها دست برآورده به مهتاب

شب و صحرا و گل و سنگ

همه دل داده به آواز شباهنگ

یادم آید، تو به من گفتی:

«از این عشق حذر کن!

لحظه‌ای چند بر این آب نظر کن،

آب، آیینهٔ عشق گذران است،

تو که امروز نگاهت به نگاهی نگران است،

باش فردا، که دلت با دگران است!

تا فراموش کنی، چندی از این شهر سفر کن!»

Ich sagte: mich hüten vor der Liebe, das kann ich nicht,
Mich entfernen von dir, das vermag ich nicht.

Am ersten Tag als mein Herz flehend nach dir verlangte,
Sass ich wie eine Taube auf deines Daches Rande,
Du warfst mich mit Steinen, ich floh nicht, ich blieb.

Wieder sagte ich: du bist der Jäger, ich das Reh,
Ich suche, suche, schliesslich in deine Falle ich geh.
Mich hüten vor der Liebe, das kann ich nicht!
Eine Träne fällt vom Zweig,
Die Nachtigall schluchzt, enteilt.

Zitternd eine Träne in deinen Augen wohnt,
Über deine Liebe lacht der Mond.

با تو گفتم: «حذر از عشق!؟ - ندانم

سفر از پیش تو؟ هرگز نتوانم،

نتوانم!

روز اوّل، که دل من به تمنّای تو پر زد،

چون کبوتر، لب بام تو نشستم

تو به من سنگ زدی، من نه رمیدم، نه گسستم ...»

باز گفتم که: «تو صیّادی و من آهوی دشتم

تا به دام تو در افتم همه جا گشتم و گشتم

حذر از عشق ندانم، نتوانم!»

اشکی از شاخه فرو ریخت

مرغ شب، نالهٔ تلخی زد و بگریخت ...

اشک در چشم تو لرزید،

ماه بر عشق تو خندید!

Nichts hörte ich mehr von dir, so erinnere ich mich,
Im Schosse der Trauer versank ich,
Ich floh nicht, ich blieb.

In dunkler Trauer verging jene Nacht, andere folgten ihr dicht,
Nach dem leidenden Liebenden fragtest du nicht,
Auch in jene Gasse gingest du nicht.

Ich aber ging, ohne dich, wie jedoch war mir zumute!

Fereydoun Moshiri, 20. Jhrh.

یادم آید که دگر از تو جوابی نشنیدم
پای در دامن اندوه کشیدم.
نگسستم، نرمیدم.
رفت در ظلمت غم، آن شب و شب‌های دگر هم،
نگرفتی دگر از عاشق آزرده خبر هم،
نکنی دیگر از آن کوچه گذر هم...
بی تو، امّا، به چه حالی از آن کوچه گذشتم!

فریدون مشیری، قرن ۱۴ هجری

Fahr wohl!

"Wohin so geschwind?"
Fragt das Gawan[1] den Wind.

"Es behagt mir nicht hier.
Willst du nicht fort vom Staub dieser Wüste?"

"Gewiss wünsche ich das mir.
Jedoch wurzeln meine Füsse tief in ihr.

Wohin so geschwind?"

"Wohin auch immer! Überall bin ich zu Haus,
nur nicht hier."

"So fahr denn wohl!
Doch schwöre mir. Wenn du diese
Schreckenswüste wohlauf verlässt,
grüsse den Regen, die Knospen von mir."

M.R. Shafii Kadkani , 20. Jhrh.

1. Wüstenpflanze.

سفر به خیر

«به کجا چنین شتابان؟»

گَوَن از نسیم پرسید.

«دل من گرفته زینجا،

هوس سفر نداری

ز غبار این بیابان؟»

«همه آرزویم، امّا

چه کنم که بسته پایم ...»

«به کجا چنین شتابان؟»

«به هر آن کجا که باشد به جز این سرا سرایم.»

«سفرت به خیر! امّا، تو و دوستی، خدا را

چو از این کویر وحشت به سلامتی گذشتی،

به شکوفه‌ها، به باران،

برسان سلام ما را.»

محمّدرضا شفیعی کدکنی، معاصر

در شیوهٔ بیانش البته قابل ردیابی است و دقت و حوصله‌ای در حدّ وسواس، که وی در انتخاب و کاربرد واژه‌ها و تعبیرات مناسب به کار برده است نکته‌ای است که فقط هرکس با اصل تعبیرها آشنایی داشته باشد می‌تواند آن را در حدّ مناسب تقدیر نماید.

عنوان گل و بلبل در نام مجموعه هم معرّف خوبی از خصوصیات و لوازم قسمت عمده‌ای از محتویات آن است. عشق به طبیعت، اندیشه فرصت‌طلبی، لذّت‌جویی و گرایش به اندیشه‌های وحدت وجودی و عرفانی که در سراسر شعر فارسی موج می‌زند، در ادبیات فارسی با این عنوان پیوندی غیرقابل تغییر دارد.

عبدالحسین زرّین‌کوب

اسفند ۱۳۷۳

در عصر وی با استقبال قابل ملاحظه‌ای روبه‌رو شده است حاکی از آن است که نمونه‌های شعر فارسی در گذشته غالباً با ذایقهٔ ادبی آلمانی زبانها سازگاری داشته است. این نکته هم که فریدریش فن بودنشتت شاعر عهد رمانتیک مجموعه‌ای از اشعار شرقی گونهٔ خویش را نه به نام خود بلکه به نام میرزا شفیع نشر کرد و با این حال اثرش به قدری مورد استقبال عام واقع شد که هرچند بارها تجدید طبع گردید همچنان با نام ترانه‌های میرزا شفیع شناخته شد و نام شاعر واقعی مورد توجه قرار نگرفت، نمونه‌ای دیگر از توجه و علاقهٔ آلمانی زبانان به شعر فارسی محسوب است. بر این چند نام چندین نام درخشان دیگر از شاعران آلمانی زبان را می‌توان افزود که شعر یا اندیشهٔ فردوسی، حافظ، نظامی، سعدی و عطار را به آلمان یا تمام اروپا شناسانده‌اند یا گاه از آثار این شاعران الهام گرفته‌اند و این فرایند هنوز ادامه دارد و از وجود بعضی نقطه‌های اشتراک در نوع فلسفی و شاعرانهٔ دو ملت حاکی به نظر می‌رسد. مجموعهٔ حاضر نیز، که انتخاب دقیق و سنجیده‌ای از مجموع دوازده قرن شعر فارسی است امید است در تحکیم این رشتهٔ ارتباط توفیق و تأثیری را که شایستهٔ آن است به دست آورد. این قطعه‌های شاعرانه هریک در مرتبه و مقام خویش نمایندهٔ سبک بیان و در عین حال نشان دهندهٔ ویژگی‌های ذوق و فکر شاعران برجستهٔ گذشتهٔ ادبیات فارسی است. پوراندخت پیرایش سراینده و مترجم آنها، که به خاطر فروتنی نجیبانهٔ خود ادعای شاعری ندارد، در حقیقت دارای ذوق لطیف و طبع و حساسیت شاعرانهٔ قابل ملاحظه‌ای است که

سعدی در سال‌های ۱۸۵۰-۱۸۴۸-۱۸۲۷-۱۷۷۵ منتشر گردید سابقهٔ آشنایی و علاقهٔ آلمانی زبانان را با ادبیات فارسی قابل ملاحظه نشان می دهد.

در قرن روشنایی و عهد مقدم بر رمانتیسم نه فقط گوته به شعر فارسی - که مخصوصاً از روی ترجمه‌های فون هامر پورگشتال با آن آشنایی یافته بود - علاقه نشان داد بلکه دوست و مصاحب او شیلر هم نسبت به ادبیات فارسی ناآشنا نماند. از جمله نمایشنامهٔ معروف او به نام توراندوت (= توراندخت) هر چند از یک اثر همنام نوشتهٔ کارلو گوتسی ایتالیایی الهام گرفت منشأ واقعی آن اثر، در نزد هر دو نویسنده یک قصهٔ زیبا، از مجموعهٔ منظوم هفت گنبد اثر نظامی گنجوی شاعر ایرانی قرن دوازدهم میلادی بود.

بعد از گوته، ادبیات فارسی برای شاعران عصر رمانتیک اروپا یک منشأ الهام جالب به شمار می آمد. کسانی چون آ. فون کامیسو، آ. فون پلاتن، هانریش هاینه و فریدریش روکرت مخصوصاً از دیوان شرقی گوته متأثر شدند. قطعه شعر داستان گونهٔ زیبا و مؤثری که هاینه تحت عنوان فردوسی شاعر در مجموعهٔ Romancero دربارهٔ فردوسی و پایان غم‌انگیز حیات او نظم کرده است حاکی از آشنایی عصر و محیط او با شاهنامه و ادبیات فارسی است. آثار فریدریش روکرت شاعر و شرق‌شناس پرآوازهٔ آلمانی غیر از ترجمهٔ بوستان سعدی و ترجمهٔ رباعیات حافظ، شامل ترجمهٔ تعدادی حکایات زیبا و حکمت‌آمیز مأخوذ از ادبیات فارسی نیز هست که به نام «حکمت برهمن» در طی شش دفتر به شعر آلمانی درآمده است و اینکه

گل‌هایی از باغ ایرانی

ادبیات فارسی، مدّت‌ها قبل از آنکه نبوغ درخشان گوته با نشر دیوان شرقی غربی (۱۸۱۹) آن را یک منبع الهام جاودانه برای رُمانتیسم اروپا سازد، از راه ترجمهٔ گلستان در نزد آلمانی زبانها با حسن قبول تلقی شده بود. ترجمهٔ آزاد متن کامل گلستان سَعدی یک مجموعهٔ شعر و نثر با حکایات زیبا و شوق انگیز متعلّق به قرن سیزدهم میلادی در ایران به وسیلهٔ جهانگرد و ایرانشناس بسیار مشهور آلمانی آدام اولئاریوس (۱۶۷۱ - ۱۵۹۹) که در هامبورگ به سال ۱۶۵۴ نشر شد، با اقبال عام مواجه گشت ولااقل در مدّت حیات مترجم چندبار دیگر در سال‌های ۱۶۷۱-۱۶۶۳-۱۶۶۰ تجدید طبع گردید. این که چند ترجمهٔ آلمانی دیگر هم از همین اثر

به نام ایزد یکتا

سخنی کوتاه با خواننده

بنی آدم اعضای یکدیگرند   که در آفرینش ز یک گوهرند

می خواهیم همانگونه که هر انسانی وظیفه دارد تا برای ارتقاء فضیلت و تداوم بقای خانواده اش تلاش نماید، از این رهگذر سهم ایرانیان را به جامعهٔ بزرگ بشری تقدیم نمایم.

با ارزش ترین امری که می توانیم آن را پاس داریم، اشاعه و معرفی اشعار سرایندگانی است که افکار والای خود را در موسیقی دل انگیز کلامشان ابراز داشته اند.

گرچه این مجموعه هنوز جز قطره ای از اقیانوس بیکران تراوشات ذهنی شاعران و متفکران ایرانی نیست، امید آن دارم که قلب هایی را که همچون مرغ باغ ملکوت در آرزوی شکستن قفس خویش به سر می برند برای پرواز در افق های درخشان عرفان و حکمت معنوی ایران آمادگی بخشد و دلهاشان را در نور حقیقت مستغرق نماید.

در خاتمه مراتب تشکر و قدردانی خود را از استاد گرانقدر جناب آقای دکتر عبدالحسین زرین کوب که در تنظیم این مجموعه از هیچ گونه راهنمایی و مساعدت نسبت به این حقیر دریغ نفرمودند ابراز می دارم.

دکتر پوران دخت پیرایش

اسفند ۱۳۷۳

پیرایش، پوران دخت
گل و بلبل گزیده دوازده قرن شعر ایران به زبان آلمانی - فارسی
تهران: یساولی. ۱۳۹۴. ۱۷۴ص.: مصور (رنگی)؛ ۲۱٫۵×۱۴٫۵ س م.
فهرست نویسی بر اساس اطلاعات فیپا ۷_۸۱_۰_۶_۳۰_۹۶۴_۹۷۸ چاپ دوم: ۱۳۹۶
الف. زرین کوب، عبدالحسین، ۱۳۰۱-۱۳۷۸.، مقدمه نویس. ب. جلیلیان، داریوش ۱۳۵۱-، تذهیب گر
۹پ ۷آ/PIR ۴۰۴۹ ۸ فا ۱/۰۰۸ ۱۳۹۴
کتابخانه ملی ایران ۳۸۳۶۳۰۷

گل و بلبل

گزیدهٔ ۱۲ قرن شعر ایران

به زبان آلمانی - فارسی

انتخاب و ترجمهٔ: دکتر پوران دخت پیرایش

با مقدمه‌ای از دکتر عبدالحسین زرین کوب

خوش‌نگاری: کاوه اخوین
طراح گرافیک: الهام اسماعیلی
تذهیب: داریوش جلیلیان / نقوش تزیینی: منصوره مهرزی
گل و مرغ روی جلد: امیر طهماسبی
چاپ دوم: ۱۳۹۶، رنگ پنجم / تیراژ: ۳۵۰۰ نسخه
تهران: میدان انقلاب، بازارچه کتاب تلفن: ۶۶۴۶۱۰۰۳ نمابر: ۶۶۴۱۱۹۱۳
تهران: خیابان کریم خان، پلاک ۷۸، تلفن: ۸۸۳۰۴۱۵ نمابر: ۸۸۸۳۲۰۳۸
www.yassavoli.com / www.yasavolishop.com
info@yassavoli.com
شابک ۷_۸۱_۰_۶_۳۰_۹۶۴_۹۷۸

گل و بلبل

گزیدهٔ ۱۲ قرن شعر ایران

به زبان آلمانی

انتخاب و ترجمهٔ : دکتر پوران دخت پیرایش

با مقدمه‌ای از دکتر عبدالحسین زرین کوب